les problèmes psychologiques de la vie quotidienne

Éditeurs :
LES ÉDITIONS LA PRESSE, LTÉE
7, rue Saint-Jacques
Montréal H2Y 1K9

Tous droits réservés :
LES ÉDITIONS LA PRESSE, LTÉE
© Copyright, Ottawa, 1981

Dépôt légal :
BIBLIOTHÈQUE NATIONALE DU QUÉBEC
3e trimestre 1981
ISBN 2-89043-073-1

les problèmes psychologiques de la vie quotidienne

Yves Lamontagne, M.D., FRCP(C),
psychiatre

Préface de Lizette Gervais et Andréanne Lafond

Du même auteur

La thérapie comportementale en psychiatrie (en collaboration avec Célyne Lacerte-Lamontagne), Beauchemin, Montréal, 1975. (Epuisé.)

L'attentat sexuel contre les enfants (en collaboration avec Célyne Lacerte-Lamontagne). Editions La Presse, Montréal, 1977.

Vivre avec son anxiété, traduit et adapté de *Living with Fear,* M. Marks, M.D., D.P.M., Editions La Presse, Montréal, 1979.

Initiation à la recherche en psychologie clinique et en psychiatrie, Edisem, Saint-Hyacinthe, P.Q.; Maloine, Paris, 1980.

Le viol: acte de pouvoir et de colère (en collaboration avec Célyne Lacerte-Lamontagne), Editions La Presse, Montréal, 1980; Maloine, Paris, 1980.

Egalement paru:

Modification du comportement en milieu clinique et en éducation, publication de l'Association des spécialistes en modification du comportement, 1975. (Drs Yves Lamontagne et Gilles Trudel.)

À mes parents

Table des matières

Préface

LIZETTE: ... écrire une préface ?

ANDRÉANNE: C'est difficile. J'aurais préféré écrire un livre avec une préface du docteur Lamontagne.

LIZETTE: Un retour en arrière : quand on pensait à l'utilité d'une chronique comme celle-là...
— Les personnalités
— Les maladies mentales
— Les techniques thérapeutiques
... on était sceptiques.

ANDRÉANNE: Lizette, vous me connaissez, j'étais opposée au début. J'étais très réticente parce que je n'avais pas très confiance en la psychiatrie. Je la redoutais un peu. Petit à petit, je me suis habituée au docteur Lamontagne. C'était une découverte de vous, de nous, de moi. On se trouvait une double personnalité, parfois même plusieurs.

LIZETTE: Ce qui m'étonnait, c'est que vous, très préoccupée de sciences et de vulgarisation, vous ayez eu ces réticences à l'égard d'une chronique scientifique.

ANDRÉANNE: Ça ne me paraissait pas très scientifique. C'était le quotidien, celui des gens qui parlent de suicide, de dépressions, de névroses, mais grâce au docteur Lamontagne, j'ai cru à la présence nécessaire d'un psychiatre. Il y a des moments dans la vie où l'on fait des dépressions, des névroses, c'est en soi ; on en avait déjà entendu parler, on avait lu à ce sujet et, je le répète, ce n'est pas de la science, cela fait partie de l'auto-analyse.

LIZETTE : Moi, quand j'entends des descriptions de maladies, je me trouve très craintive. Ça peut me toucher ou ça peut me rejoindre dans ma famille. Et puis, à la définition des personnalités, je me dis, ça y est, j'ai tous ces comportements. A la veille de commencer une chronique comme celle-là, j'étais sur la corde raide.

ANDRÉANNE : Moi aussi. C'est ainsi qu'on s'est mises à vouloir mieux connaître le docteur Lamontagne. Il était peut-être le seul à pouvoir nous rassurer.

LIZETTE : L'intérêt d'une chronique dépend beaucoup de celui qui la fait.

ANDRÉANNE : Pour vulgariser, Yves Lamontagne est extraordinaire.

LIZETTE : C'est en plus un garçon très sérieux. Ce qui m'a frappée chez lui, c'est qu'il ne fait rien à moitié, il est entier. Engagé en recherches, il vérifie dans le concret, dans la vie de tous les jours, ses données puis n'hésite pas à tenter lui-même une forme de thérapie.

Avant de parler de recherches et de bouquins, il parle d'expériences de vie.

ANDRÉANNE: Lizette, vous le connaissez mieux que moi. J'aimerais savoir un petit peu qui il est en dehors de sa profession. Qui est cet homme toujours très élégant ?

LIZETTE: Très sérieux à ses heures, l'air parfois d'un adolescent, un peu espiègle...

ANDRÉANNE: ... et sympathique, un beau sourire. Tiens ! je lui trouve une personnalité de cyclothymique sans égoïsme.

LIZETTE: Bricoleur dans ses moments de loisirs, passionné de musique de jazz, il a fait de la chanson avec des chansonniers québécois de la première heure. Il a aussi publié plusieurs ouvrages sérieux dont un travail fort intéressant sur le viol, en collaboration avec Céyne Lacerte, avocate.

ANDRÉANNE: Il a travaillé pour payer ses études ; pour moi, c'est important.

LIZETTE: Il a été aussi tenté par le droit, hésitant à poursuivre ses études de médecine avant de s'engager en psychiatrie.

ANDRÉANNE: Il a été en Angleterre.

LIZETTE: Où il a été impressionné par les rapports de certains médecins avec leurs patients et par le souci de vulgarisation scientifique. Le patient, par exemple, connaissait le vocabulaire médical. Quant on connaît le mot qui décrit bien ce que l'on veut dire, c'est beaucoup plus facile de communiquer ses inquiétudes et ses malaises à un professionnel de la santé. Yves Lamontagne a un grand souci de la communication.

ANDRÉANNE : Vous savez Lizette, moi, ce que j'ai aimé là-dedans, c'est le côté radio et je vais vous dire pourquoi ; pour vous d'abord : quand on tombe dans les personnalités, dans les techniques thérapeutiques, etc., je vous trouve très engagée, vous croyez à tout ce que vous faites, et dans le feu des entrevues, vous rougissiez facilement. Grâce à la radio, on ne vous voyait pas rougir devant le psychiatre...

LIZETTE : Et vous, on ne vous voyait pas gesticuler, bouger sur votre chaise comme vous le faites toujours, et renverser votre verre d'eau...
Il reste que les auditeurs sont quand même privilégiés, parce qu'on est très souvent seul quand on écoute la radio, on est attentif. Quand on est seul, on se remet un petit peu plus en question.

ANDRÉANNE : C'est très vrai.

LIZETTE : Et je pense que pour des chroniques de ce genre, la radio est un moyen idéal de rejoindre les gens.

ANDRÉANNE : Malheureusement, il y a des gens qui

n'ont pas pu suivre les entrevues avec le docteur Lamontagne. Grâce à ce livre, ils pourront découvrir leur vraie personnalité, connaître mieux les diverses maladies mentales et apprendre certaines façons de s'aider soi-même. Ce sera peut-être moins dangereux que de se dire, moi, je suis hystérique, ou je suis schizoïde, ou je suis paranoïde. Là, on a un peu de tout. En tout cas, nous deux, on a un peu de tout.

LIZETTE : Oui, vous surtout.

ANDRÉANNE : Oh! vous m'avez qualifiée de beaucoup de choses, mais en relisant le manuscrit, je me suis dit : il y a des tas de choses qui nous vont bien. Nous sommes parfaites quoi!

LIZETTE : Je pense que c'est ce que Yves Lamontagne visait : nous apprendre à savoir qui on est, à se situer un peu mieux et peut-être à comprendre davantage les autres.

ANDRÉANNE : Ça peut aider aussi des personnes dans son entourage. On dit : « Tiens, il fait une dépression ; tiens, il a une déviation sexuelle. »

LIZETTE : Ce n'est pas aussi simple.

ANDRÉANNE : Le schizoïde n'est pas un schizophrène et le paranoïde n'est pas un paranoïaque.

LIZETTE: Ce sont toutes ces choses qu'on apprend en lisant ce livre.

ANDRÉANNE: J'aime le titre : *Les problèmes psychologiques de la vie quotidienne.* C'était notre vie quotidienne et c'est le quotidien.

LIZETTE: Yves Lamontagne, le psychiatre du quotidien, avec toute sa crédibilité et... son charme.

ANDRÉANNE: Je l'aime beaucoup en tout cas.

LIZETTE: Et quels moments agréables, intéressants avons-nous passés ensemble !
Nous souhaitons qu'ils se prolongent par ce livre et espérons maintenant les faire partager aux lecteurs.

Lizette Gervais et Andréanne Lafond

Introduction

Dans le cadre de l'émission radiophonique « La Vie Quotidienne », Radio-Canada m'a invité à présenter trois séries d'entretiens avec Mmes Lizette Gervais et Andréanne Lafond sur la santé mentale et les problèmes psychologiques. Au cours de la saison 1979-1980, les trois thèmes suivants ont été abordés : les personnalités, les maladies mentales et les techniques thérapeutiques qu'on peut soi-même utiliser.

La première série a servi à décrire les diverses personnalités normales. J'estimais qu'avant de parler de maladie, le public devait connaître les traits de caractère qui constituent chaque type de personnalité normale. A la lecture de ce livre, si vous découvrez que vous êtes une personnalité hystérique, obsessionnelle, schizoïde, paranoïde, dépendante, agressive ou cyclothymique, vous ne souffrez d'aucune maladie mentale ; vous avez des qualités et des défauts, des forces et des faiblesses et votre personnalité vous procure des avantages et des inconvénients. Vous apprendrez à mieux vous connaître, à comprendre davantage les autres et peut-être à vous améliorer.

Au cours de la seconde série, nous avons discuté des maladies mentales. Des explications simples et souvent illustrées d'exemples pratiques ont été données sur les névroses, les dépressions, les déviations et les dysfonctionnements sexuels, la psychose maniaco-dépressive, les schizophrénies, la psychopathie et l'anorexie nerveuse. Une émission a porté sur le suicide qui n'est pas en soi une maladie mentale mais qui peut malheureusement survenir chez plusieurs malades. Nous avons cru bon résumer les connaissances sur ce sujet de façon isolée. Il est évident que les descriptions sont incomplètes à cause du temps limité accordé aux entrevues. Néanmoins, nous espérons avoir sensibilisé la population au problème des maladies mentales.

Enfin, les dernières sept entrevues ont permis d'enseigner aux auditeurs des techniques thérapeutiques qu'on peut soi-même utiliser. L'intention paradoxale, l'arrêt des pensées, l'immersion, les renforçateurs matériels et sociaux, la thérapie par contrat, l'affirmation de soi de même que l'apprentissage par imitation sont des techniques de thérapie comportementale faciles à enseigner et à apprendre. Elles présentent l'avantage de pouvoir être utilisées avec succès par des non-professionnels. Ces méthodes servent à traiter plusieurs types de problèmes psychologiques de façon rapide et efficace, permettent aux sujets de s'évaluer eux-mêmes et de suivre leur évolution de façon objective.

Ces séries d'entretiens visaient trois buts précis : sensibiliser la population aux divers problèmes psychologiques, faire de l'éducation populaire et donner des notions de prévention. Il est étonnant de constater qu'il existe encore au Québec de nombreux tabous et des conceptions erronées des maladies mentales. Nous espérons avoir atteint notre premier but en démystifiant la psychiatrie et les maladies mentales. L'éducation populaire est également importante. Lorsque j'étais en Angleterre, j'étais toujours estomaqué de constater la précision avec laquelle les malades nous décrivaient leurs symptômes. Quand un patient parlait de dépression, ce n'était pas de l'anxiété; quand il discutait des ruminations, ce n'était pas des compulsions, etc. Il faut dire que les médias d'information britanniques donnent constamment à la population des notions de santé de même qu'ils lui expliquent les premiers signes des maladies. Nous avons tenté le même genre d'expérience afin que le public apprenne à utiliser le bon vocabulaire, à détecter les signes précurseurs de certaines maladies mentales et à consulter un psychologue ou un psychiatre avant qu'il ne soit trop tard. La démystification et l'éducation entraînent sûrement une meilleure prévention, notre troisième but visé. De plus, à cet effet, certains conseils pertinents peuvent aider à prévenir ou à guérir certains problèmes. Notre série sur les techniques thérapeutiques voulait atteindre ce but particulier.

Devant le nombre de lettres et d'appels téléphoniques reçus, nous avons cru bon de rapporter intégralement tous les entretiens dans ce court volume afin d'atteindre non seulement un public plus large, mais aussi tous les gens qui étaient dans l'impossibilité de suivre régulièrement cette chronique hebdomadaire. Une bibliographie a été ajoutée pour permettre au lecteur désireux d'approfondir ses connaissances de trouver certaines références utiles.

Je tiens à remercier Radio-Canada, qui a autorisé la publication de ce livre, et d'une façon particulière Mmes Lizette Gervais et Andréanne Lafond, qui m'ont assuré de leur amitié et de leur collaboration. Mes remerciements vont également à M. André Hamelin, Mme Suzanne Mercure et M. Michel Chalvin, réalisateurs, Mme Françoise-Nicole Tremblay, assistante à la réalisation, Mme Louise Chartrand, recherchiste et M. Jean-Marie Cameron, technicien. J'ajoute enfin que les droits d'auteur de cet ouvrage seront remis intégralement à la Fondation pour la Recherche sur les Maladies Mentales (FRMM Inc.).

Yves Lamontagne, M.D., FRCP(C).

Les personnalités

L'hystérique

Dans le cadre de nos entretiens sur les différentes personnalités, nous commencerons par la personnalité hystérique. On donne souvent ce qualificatif peu flatteur aux femmes. Cette personnalité existe-t-elle seulement chez elles ?

On a toujours l'habitude de parler de personnalité hystérique chez la femme, probablement parce que ce sont la plupart du temps des hommes qui en parlent et qu'il y a peu de descriptions dans la littérature de cette personnalité chez l'homme. Par contre, ce type de personnalité existe aussi chez l'homme. L'hystérique, c'est celui qui aime se donner en spectacle, qui a le désir de plaire, de s'exhiber, de séduire. C'est un personnage très attachant et très sympathique ; c'est peut-être la personnalité la plus séduisante qui existe, même si on y trouve de l'immaturité.

Ce sont des personnes théâtrales ?

Oui, chez l'hystérique, paraître devient plus important qu'être. C'est un peu le drame de ces personnalités qui vivront bien souvent dans la superficialité. L'hystérique a besoin de plaire et d'être préféré. Pour cela, il a recours, plus ou moins consciemment, à la séduction et il cherche à charmer son entourage. L'hystérique est un acteur dans l'âme. Certaines femmes hystériques peuvent jouer à la mère, mais il leur est difficile d'être mère ; elles peuvent jouer à la femme, mais elles ne peuvent être femmes. Beaucoup d'acteurs et d'actrices sont des hystériques qui réussissent très bien et deviennent de grandes vedettes. Toutefois, on trouve ici une explication car l'acteur ou l'actrice joue un jeu, un personnage qui n'est pas le sien. De cette façon, il n'est plus responsable; il vit la vie d'un autre et non la sienne. D'ailleurs, dans leur vie privée, ces acteurs sont bien souvent différents. Ces gens sont très soucieux de leur apparence. Leur corps a beaucoup d'importance. Les vêtements reçoivent aussi une attention particulière.

Comment expriment-ils leurs sentiments?
L'hystérique est habituellement vague et imprécis lorsqu'il tente d'exprimer ses émotions de façon verbale. C'est pourquoi il a tendance à s'exprimer plutôt par la communication non verbale et à agir de façon dramatique, soit par le retrait, les colères ou les fugues. Il peut être prompt, facilement excitable et passe souvent de périodes dépressives à des périodes euphoriques.

On dit que les personnalités hystériques ont beaucoup de charme et possèdent un grand pouvoir de séduction...
C'est vrai. La jeune fille hystérique, par exemple, a beaucoup de succès auprès des hommes et elle n'aime pas les autres femmes. D'ailleurs, celles-ci le lui rendent bien. Elle exerce son pouvoir séducteur et agace les hommes. Par contre, elle ne désire que l'attention et la conquête alors que les hommes peuvent souvent avoir en tête un tout autre but. Cela peut lui causer des problèmes car l'hystérique ne veut que faire semblant et n'est pas très intéressée à la sexualité. L'hystérique donnera donc l'apparence

d'être très sensuelle, mais au fond elle ne l'est pas du tout.

Au point de vue de leurs relations interpersonnelles, ces gens ne sont-ils pas habituellement très sociables?

En effet, ces gens donnent habituellement l'impression d'être très sociables, mais cette sociabilité cache de l'égocentrisme. Tout tourne vers eux ou pour eux; d'ailleurs, l'hystérique est prêt à prendre la fuite dès que la situation devient dangereuse. Il est en quête constante de sympathie et d'attention car il ne peut se comporter de façon mature. Ce sont en fait des gens très insécures. C'est pourquoi ils ont souvent tendance à aimer ou à désirer un membre du sexe opposé plus âgé et plus mature qu'eux. On dit souvent que l'hystérique se cherche un père ou une mère pour se sentir en sécurité et ne pas avoir à faire face aux responsabilités.

Cette description me fait penser à des comportements infantiles et dépendants...

Pour l'hystérique, la vie est plaisante à condition de demeurer un enfant. Il a besoin de se sentir protégé, entouré, dorloté. S'il satisfait sa dépendance, il est heureux. Comme l'enfant, il est impatient; s'il désire quelque chose, il ne peut attendre et l'irritabilité se manifeste rapidement. Il est également très sensible à la douleur et sa réaction est toujours forte et bien souvent exagérée.

Et socialement, les hystériques se débrouillent-ils bien?

En ce qui a trait à la vie sociale, l'hystérique a besoin de compagnie, d'amis ou de personnes qui le protègent, l'entourent et le sécurisent. C'est pourquoi il se sent à l'aise en société. Il aime vivre en groupe car il se sent moins menacé. L'hystérique est habituellement séduisant, expressif, aimable et sympathique, mais il est superficiel. Côté travail, de la même façon, l'hystérique cherchera un emploi où il se sentira en sécurité. Il choisira des fonctions où on lui tracera un plan de travail, et tous les métiers où l'on accorde de l'importance à l'apparence et à la beauté ont un attrait particulier pour lui. Par contre, il a tendance à se décourager devant les difficultés car il manque de persévérance.

En quelques mots, que pourraient faire les hystériques pour s'améliorer ?

Ils devraient tenter de devenir plus indépendants, apprendre à se sentir plus sécures et moins chercher à monopoliser leur entourage.

L'obsessionnel

Nous abordons maintenant la personnalité obses-
sionnelle. C'est un type de personnalité dont on en-
tend peu souvent parler...

En fait, la personnalité obsessionnelle désigne les
gens qui sont compulsifs, c'est-à-dire les gens qui
adhèrent rigidement aux standards de conformité; ce
sont des personnes rigides, superconsciencieuses,
qui ont une grande capacité de travail et une faible
capacité de relaxation. Pour elles, tout doit être à la
perfection et selon l'ordre établi. Ces personnes cor-
respondent à l'expression *Law and Order.*

En somme, la personnalité obsessionnelle s'applique
aux gens ordonnés et perfectionnistes...

Etre parfait, tel est l'idéal de l'obsessionnel. Il cherche toujours à améliorer son rendement. Malheureusement, comme il pèse longuement le pour et le contre avant de prendre une décision, s'arrêtant trop sur
les détails, il manque de célérité dans ses actions. A
cause de ce problème, l'obsessionnel ne peut donc
pas être spontané, il ne peut se laisser aller à la gaieté
ou à la relaxation.

Par contre, ces personnes doivent être très responsa-
bles et très fiables...

Ce sont d'excellents employés qui travaillent sans relâche au risque de s'épuiser. Par contre, leur besoin
d'ordre et leur méticulosité peuvent occasionner des

conflits avec les autres, qui les voient comme des scrupuleux et des irascibles. Néanmoins, de grandes choses sont accomplies par des obsessionnels parce qu'ils sont minutieux et attentifs aux détails. On a qu'à penser à certains chercheurs, comptables, physiciens, à des gens qui font des métiers de précision comme les horlogers et les bijoutiers. La personnalité obsessionnelle se retrouve même comme trait culturel chez certains peuples comme les Suisses et les Allemands.

Ne peut-on pas dire que ce sont des gens rigides?

Sans aucun doute, car ils détestent tout ce qui est désordre, saleté, compromis et écart de conduite. Ce sont des gens froids et distants.

Ces éléments se font sûrement sentir dans leurs relations interpersonnelles et sentimentales...

En ce qui a trait aux relations interpersonnelles et sentimentales, c'est un arrangement de vie formalisée où l'obsessionnel est émotionnellement distant. Il est plutôt effacé et se contente d'écouter sans prendre parti et sans s'engager. Ses relations interpersonnelles sont limitées à quelques amis et ses loisirs sont très conservateurs. Il préférera faire partie d'organisations ou d'associations qui travaillent pour le bien de la communauté, là où il peut être un excellent organisateur. Dans ses relations sentimentales, il tentera de s'associer à une personne en qui il a confiance et qui pourra prendre les décisions pour lui. Il cherche d'ailleurs souvent un conjoint autoritaire et dominateur. Enfin, au niveau sexuel, l'obsessionnel est scrupuleux et la sexualité est comme le reste une question de devoir.

Il me semble que les obsessionnels donnent beaucoup, mais n'acceptent pas de recevoir en retour...

S'il y a une personnalité où l'altruisme paraît être un trait distinctif, c'est bien chez celle de l'obsessionnel, toujours prêt à satisfaire les autres. La mère compulsive, ce que j'appelle la mère frotteuse, en est un bon exemple. Celle-ci est toujours disposée à faire tous les sacrifices pour ses enfants et à leur inculquer de bons principes.

Comment une personnalité compulsive peut-elle s'améliorer ?

En acceptant de se laisser aller davantage ; en apprenant à relaxer, à se détendre ; en comprenant que la perfection n'est pas de ce monde et en s'efforçant d'être moins scrupuleux et moins moraliste.

Le schizoïde

Qu'est-ce que la personnalité schizoïde?

Le schizoïde évite les relations interpersonnelles étroites, manque d'agressivité, est incapable d'exprimer de l'hostilité, est froid, distant et détaché émotionnellement. C'est un être timide, gêné, tranquille, obéissant, retiré. Les schizoïdes sont ce que l'on appelle des gens renfermés, des gens dans l'ombre.

Vous dites schizoïde, ce n'est pas schizophrène?

Non. Je pense qu'il est important de faire la différence. Le schizoïde est un être normal, alors que le schizophrène est atteint d'une maladie mentale sévère. Bien sûr, la personnalité schizoïde qui décompense pourrait devenir schizophrène, mais la majorité des gens qui ont une telle personnalité réussissent quand même à très bien vivre et à mener une existence assez heureuse.

Les gens solitaires, qui vivent dans leur petite tour d'ivoire, ne seraient-ils pas des faibles?

Le schizoïde est un être doux et non violent. Il a une attitude de désintéressement ou de détachement émotionnel qui transmet une impression de froideur et de désintérêt pour les autres. Bien sûr, c'est un solitaire qui regarde les situations de loin. Il ne compétitionne pas avec ses pairs, surtout dans les activités requérant un contact physique ou émotionnel. Pour ces raisons, il apparaît distant, froid et même indépendant, alors qu'il ne l'est pas en réalité. C'est le genre d'individu dont on dira qu'il est nerveux à l'intérieur parce que cette nervosité n'est pas extériorisée. Il perçoit les autres comme étant plus capables et supérieurs à lui. Il compensera son manque de confiance en lui en se créant un monde intérieur où il sera tout-puissant. Il s'évadera de la réalité et pourra se retrancher complètement sur lui-même. Il se retirera dans sa tour d'ivoire et, là, il pourra vivre en fantaisie ce qu'il aurait voulu vivre dans le réel.

Est-ce que vous voyez cela comme un côté négatif?

Peut-être, mais le schizoïde a également des côtés très positifs. Il a le sens de l'observation et de la perception. C'est souvent un penseur, un intellectuel, un philosophe ou un idéologue, car, comme il craint d'agir, il ne dépense pas son énergie dans l'action. Il se sert de la logique plus qu'un autre et a de meilleures idées bien qu'il se limite trop souvent à concevoir l'idée sans chercher à la réaliser. Comme il ne se fait pas d'illusions, il est plus objectif et plus rationnel que les autres. Le schizoïde n'est pas superficiel, il va au fond des choses.

C'est tout de même un peu négatif. Je cherche le côté vraiment positif du schizoïde...

Ce sont quand même des personnes douces, aimables, qui vont toujours dire un bon mot et qui ne sont pas agressives.

Moi, j'adore toutes les personnalités, mais je me méfie des gens qui ne parlent pas, qui ne communiquent pas; j'ai l'impression qu'ils peuvent être très violents parfois...

A la base, le schizoïde est un non-violent. D'autres personnalités, dont le paranoïde dont on parlera plus tard et qui a un fond identique au schizoïde, cachent beaucoup plus d'agressivité.

Au point de vue travail, le schizoïde, comment se conduit-il?

C'est un excellent travailleur. Il n'est pas envieux ni compétitif. Il ne compte pas son temps ni ses efforts. Par contre, s'il échoue, il abandonne tout. C'est pourquoi il aura plus de chances de réussir dans des disciplines où il peut travailler ou évoluer seul car il est beaucoup plus à l'aise ainsi. Je pense à certains scientistes qui, dans le fond de leur laboratoire, passent des années à travailler seuls et réussissent très bien sans avoir aucun contact social. Je pense aussi à ceux qui exercent d'autres métiers comme des veilleurs de nuit, des préposés à l'entretien ménager, des chimistes, des physiciens, des philosophes, des romanciers et des poètes qui tout en étant schizoïdes représentent néanmoins une grande richesse pour la société.

Et dans ses relations sentimentales, comment se comporte-t-il?

Dans ses relations sentimentales, le schizoïde est habituellement un type sérieux qui sait prendre ses responsabilités et à qui on peut faire confiance. Il est en général doux, gentil, aimable et fiable. Par contre, ses relations paraissent froides et distantes car il fait rarement part de ses sentiments à son partenaire.

J'ai déjà entendu des femmes dire que leurs maris étaient taciturnes à la maison, qu'ils s'asseyaient et regardaient la télévision sans qu'un mot ne sorte de leur bouche...

Je pense que vous avez l'exemple typique de ce genre de couple où souvent l'épouse dira : « Mon mari est un bon garçon, je n'ai rien à lui reprocher, mais il ne dit pas un mot. Il rentre à la maison, il s'assoit, il regarde la télévision. »

Qu'est-ce que ça donne, deux schizoïdes ensemble ?

Je crois que deux personnalités schizoïdes n'ont pas d'attirance particulière l'une pour l'autre. Le schizoïde a plutôt tendance à rechercher quelqu'un qui va s'extérioriser davantage et combler ainsi ses lacunes.

Alors, si dans l'amour c'est comme ça, dans l'amitié, comment c'est ?

Les schizoïdes sont des gens qui évitent les relations interpersonnelles : ils ont tendance à s'isoler, à se tenir à part, sans amis. Pour le schizoïde, il est préférable de passer inaperçu plutôt que de courir le risque de faire mauvaise impression. Il attache d'ailleurs beaucoup d'importance au jugement des autres. Son rôle en est un de spectateur ; il écoute beaucoup plus qu'il ne parle.

Quand on se lie d'amitié avec un schizoïde, est-ce qu'on peut compter sur lui ?

Absolument, sans réserve. Le schizoïde sera un ami sérieux, fiable et sincère que l'on ne pourra jamais accuser de frivolité ou d'inconséquence. Il est gentil et complaisant avec tout le monde, ne contrarie à peu près personne et éprouve beaucoup de satisfaction à contenter les autres. C'est une personne agréable à avoir dans son entourage parce qu'elle ne dérange jamais et qu'elle est très serviable. Cherchant à plaire par tous les moyens, elle ne fait jamais attendre et va plutôt au-devant des désirs d'autrui.

En somme, c'est le parfait introverti ?

Exactement.

N'est-il pas aussi égocentrique ?

Le schizoïde est beaucoup moins égocentrique que certaines personnalités extraverties. Il a beaucoup plus tendance à faire plaisir aux autres qu'à se servir des autres pour se faire plaisir à lui-même.

Avez-vous l'impression que le schizoïde est heureux ?

Je pense que plusieurs schizoïdes sont heureux. Evidemment, dans une société de consommation comme la nôtre, certains d'entre eux peuvent ne pas l'être, surtout s'ils ont choisi un métier dans lequel ils ne se sentent pas bien dans leur peau. Néanmoins, je pense que les schizoïdes qui réussissent à trouver une profession ou un métier leur permettant de travailler de façon isolée peuvent être parfaitement heureux.

Il y a des gens qui se disent : c'est moi, je suis schizoïde, mais j'aimerais me corriger. Que leur conseilleriez-vous ?

Je leur suggérerais trois points. Premièrement, s'ouvrir davantage aux autres ; deuxièmement, ne pas craindre de dire ce qu'ils pensent et émettre plus souvent leur opinion et, troisièmement, faire davantage confiance aux gens.

Le paranoïde

Paranoïaque, paranoïde. Existe-t-il une différence comme entre schizoïde et schizophrène ?

En fait, les gens utilisent beaucoup le terme paranoïaque, mais à tort; ils devraient plutôt employer le terme paranoïde, parce que paranoïaque vient de paranoïa qui est une maladie mentale très rare. Elle consiste en un délire systématisé avec conservation de la clarté et de l'ordre de la pensée. Donc, il y a présence d'un délire systématisé et seulement un aspect du jugement est faussé. Pour le paranoïde, il n'y a pas de délire et son jugement est beaucoup moins logique. Au fond, la personnalité paranoïde ressemble à la personnalité schizoïde avec en plus une très forte prédominance pour la suspicion, l'envie, la jalousie et l'entêtement. Au total, les personnalités paranoïdes sont assez désagréables.

Je pensais que le paranoïde était un être logique...

Le paranoïde est un être très logique. D'ailleurs, la logique est un de ses atouts, car rien de ce qu'il fait ou décide ne semble être basé sur l'émotion ou la spontanéité. Modifier ses plans ou ses jugements est inacceptable puisque c'est admettre s'être trompé, ce que le paranoïde ne peut se permettre s'il veut conserver sa propre estime.

Acceptent-ils les critiques, les suggestions ?

Non. Justement, c'est leur grand problème. Le paranoïde réagit à la moindre critique, et même l'insinuation la plus indirecte est interprétée comme une attaque personnelle. C'est pourquoi, pour atteindre ses buts, il peut critiquer et déprécier les efforts des autres.

Cela ne viendrait-il pas d'un complexe d'infériorité?

En effet, le paranoïde souffre d'un sentiment d'infériorité très marqué et perçoit le monde extérieur comme très dangereux. C'est pourquoi il est toujours sur la défensive. Il découvre rapidement qu'il se sent beaucoup mieux en pensant que ce sont les autres plutôt que lui qui sont méchants. De cette façon, il se sent rassuré et n'a pas à se défendre contre son sentiment d'infériorité.

C'est un être qui n'accepte pas beaucoup les autres, mais n'est-il pas quand même possessif?

Il est très possessif. Sa possessivité l'empêche de donner, que ce soit de l'argent, de l'amour, de l'attention, de la reconnaissance ou de l'amitié. Le paranoïde est donc avare et radin, même en paroles et en sourires; il garde jalousement tout ce qui est à lui. Il n'a pour son prochain que remarques ou insinuations qui tendent à le diminuer. Ce que les autres font pour lui se résume toujours à peu de chose, tandis que le moindre de ses gestes prend une valeur démesurée.

Ce doit être un excellent travailleur...

C'est un bourreau de travail tout en faisant semblant de ne faire aucun effort. Il ne laisse rien au hasard ni à la chance. S'il travaille comme subalterne, il surveille ses patrons et se demande constamment comment ils l'apprécient. Il est susceptible et sensible à la moindre critique de ses supérieurs. S'il connaît des échecs, il devient méchant et agressif ; jamais il n'admettra qu'il puisse être incompétent même si toutes les preuves sont contre lui. S'il est lui-même patron, il est très autoritaire, difficile, exigeant et il devient facilement injuste.

Il doit quand même avoir des amis ?

Il n'a pas beaucoup d'amis parce qu'il est antipathique. N'admettant pas la contrariété, il devient facilement agressif et ironique envers son entourage. C'est pourquoi sa vie sociale n'est pas bien organisée ni très intense. Là comme ailleurs, il continue d'être sur la défensive et tient rancune presque indéfiniment.

Alors, il ne se confie jamais ?

Non, pas vraiment. Ce sont des gens froids et distants qui n'encouragent pas les contacts humains et qui ne sont pas intéressés à communiquer avec les autres, sauf lorsqu'il s'agit de les posséder.

S'il n'est pas capable d'amitié, il n'est pas capable d'amour ?

Les difficultés du paranoïde dans ses relations interpersonnelles se manifestent évidemment aussi au niveau de sa vie sentimentale.

Il est donc jaloux en amour ?

Ah oui ! La jalousie est un de ses pires défauts et elle dépasse de beaucoup les normes habituelles. Elle est souvent tellement marquée qu'elle se transforme en

cruauté mentale et cause une foule de drames senti-
mentaux. Le sujet nie sa jalousie et trouve toutes sor-
tes de raisons pour ne pas l'accepter ou, du moins,
pour la minimiser. Je suis convaincu que bien des di-
vorces obtenus pour cause de cruauté mentale origi-
nent de couples où un des conjoints a une personnalité paranoïde et où la jalousie a joué un grand rôle
dans les relations matrimoniales.

Est-ce que le paranoïde est un suicidaire?

En général, non. Parce qu'au fond il se défend bien
en agressant les autres. Du fait qu'il les agresse, il n'a
pas besoin de s'agresser lui-même, et le suicide est
l'exemple ultime d'une agression contre sa propre
personne.

Cela veut dire qu'il s'aime bien?

Le paranoïde n'est habituellement pas un type très
heureux. Il dépense ses énergies inutilement et pour
se sécuriser il domine les autres en les possédant. De
cette façon, il a l'impression de ne pas leur être inférieur.

*J'ai l'impression de n'avoir presque jamais rencontré
de paranoïde...*

En y pensant bien, on connaît presque tous au moins
une personne qui réagit de façon très agressive ou
très défensive au moindre commentaire ou à la
moindre critique.

Peut-on transformer ce paranoïde malheureux?

Le paranoïde doit apprendre à se méfier des gens,

mais jusqu'à un certain point ; une méfiance extrême est toujours néfaste. Il devrait aussi apprendre à accepter davantage les critiques qui sont bien souvent très positives. Il est évident qu'en se sentant moins inférieur, le paranoïde pourrait fortement améliorer ses relations interpersonnelles.

Le dépendant

Nous aborderons maintenant le sujet de la personnalité dépendante...

Je voudrais d'abord mentionner qu'il existe deux types de personnalité dépendante : ce sont la personnalité passive-dépendante et la personnalité passive-agressive. Nous traiterons ici de la personnalité passive-dépendante.

Passif-dépendant, n'est-ce pas un comportement qui viendrait de l'enfance ?

En effet, c'est un comportement de l'enfance qui continue à se manifester à l'âge adulte. Ces sujets ont bien souvent eu ce qu'on appelle une mère poule qui avait une attitude surprotectrice ; l'enfant n'avait pas besoin de faire d'effort puisqu'il avait tout ce qu'il voulait, et souvent même avant de l'avoir demandé. En agissant ainsi, la mère bloque toute initiative. Fait très étrange, par contre, on peut également trouver l'opposé, c'est-à-dire un manque de protection pendant l'enfance. Dans ce cas, la dépendance n'ayant pas été réglée durant cette période de leur vie, ces sujets répètent le même comportement une fois adultes.

La passivité et la dépendance sont des caractéristiques de l'enfance et elles sont normales durant cette période, mais, ici, elles se prolongent durant l'adolescence et la vie adulte...

Les personnes passives-dépendantes continuent dans la vie adulte à penser et à avoir le sentiment que leurs besoins de dépendance seront gratifiés de façon magique. Ces individus entrent en relation avec les autres en invoquant des sentiments d'abandon; ils semblent incapables de prendre des décisions énergiques, même avec l'appui de quelqu'un. Les récompenses résultant de cette dépendance et se manifestant bien souvent sous forme d'attention et d'amour renforcent ce type de comportement. Le comportement de dépendance offre également des moyens déguisés de contrôler les autres. En fait, le dépendant est un grand impuissant. Néanmoins, il peut très bien fonctionner dans un milieu protégé, et même accomplir un travail de façon parfaite à la condition que ce dernier en soit un de routine qui saura le satisfaire et qu'il ait l'appui et la protection de son employeur. Dans notre société, la période de dépendance tend d'ailleurs à se prolonger de plus en plus, parfois même jusqu'à la trentaine, et ce à cause des exigences de notre système éducatif, par exemple.

Le système en lui-même est mauvais et il accentue ce côté de la personnalité...

Oui. Notre système social, culturel et politique favorise de plus en plus la dépendance. Tous les bénéfices sociaux dont nous disposons ont tendance à encourager la dépendance, ce qui ne veut pas dire bien sûr que tous les gens qui en bénéficient sont des êtres dépendants.

Ce sont des gens qui cherchent la sécurité. Il faut

toujours que le lendemain leur soit assuré, que l'avenir le soit également...

Le dépendant veut être protégé parce qu'il se sent très insécure ; il prend peu d'initiatives, ne sait pas s'affirmer et marque peu d'intérêt pour l'aventure, les découvertes et les changements.

Donc, un comportement assez infantile, immature. Comment se conduisent-ils dans leurs relations interpersonnelles ?

Le dépendant a une vie interpersonnelle superficielle. Son cercle social est restreint et n'englobe que la parenté, à l'exception peut-être de quelques amis. A cet égard, le dépendant attache beaucoup d'importance à l'opinion des autres et il craint de faire ou de dire quelque chose qui serait mal interprété ou qui nuirait à sa réputation. Il peut devenir servile à l'occasion et s'abaisser volontairement à la condition de ne pas perdre les avantages de sa dépendance. C'est pourquoi, au point de vue social, il passe souvent inaperçu. C'est un spectateur qui se contente d'écouter sans participer activement.

On ne les voit pas dans les grandes assemblées ou dans les réunions sociales, à moins qu'ils ne s'y trouvent par la force des choses...

En effet, dans un groupe d'étrangers, le dépendant est conscient de son sentiment d'infériorité et il ne se sent pas à la hauteur des autres. Il parle à peine, se contentant d'écouter et d'approuver ce que les gens disent. Il a donc tendance à fuir les grandes réunions sociales et de s'en tenir aux familiales. D'ailleurs, dans les réunions de ce genre, il se montre très influençable: il peut dire une chose et, cinq minutes plus tard, affirmer le contraire avec autant de conviction. Ce sont des gens qui sauvent la chèvre et le chou.

Ils ne peuvent donc jamais émettre de jugements de valeur...

On peut dire que la paresse intellectuelle est une des caractéristiques du dépendant. Il ne peut critiquer de façon constructive puisqu'il ne prend pas de chances et fuit tout ce qui est hazardeux ou menaçant. Lorsqu'il a une décision à prendre, il penche davantage vers l'inaction et la passivité, si bien que quand il s'est enfin décidé, il est souvent trop tard. Ce sont des gens qui peuvent critiquer ou être envieux lorsqu'ils désirent des choses que les autres possèdent. Par contre, ils ne feront rien pour changer la situation, pour améliorer leur sort. C'est pour cela qu'ils se permettent bien souvent de critiquer, tout en restant bien assis, au lieu de passer à l'action.

Est-ce que ces gens-là ont des amis?

Comme nous l'avons dit, ils ont en fait peu d'amis. Les amis du dépendant sont des personnes sur lesquelles il peut se fier ou de qui il peut dépendre. S'il se sent menacé de perdre son tuteur, le dépendant peut devenir jaloux, quoique ce ne sera pas une jalousie aussi morbide que celle de la personnalité paranoïde. Ces scènes de jalousie sont bien souvent faites avec beaucoup plus d'éclats que de conviction. Elles ne sont ni tenaces ni continues, mais varient selon l'humeur. D'ailleurs, ces crises ne durent habituellement pas longtemps, surtout si l'autre personne se fâche à son tour. Ayant peur de perdre sa dépendance, il exprimera rapidement ses regrets de s'être emporté et promettra de ne plus recommencer.

En amour, par exemple, il y a des gens qui vont rechercher ce type de personne...

En amour, le dépendant tente de retrouver le même appui et la même protection qu'il recevait dans le milieu familial. Il désire et trouve habituellement une personne dominatrice qui sait s'imposer et qui est capable de décider pour lui. En compagnie d'une personne de ce genre, le dépendant réalise son désir de sécurité. Il n'a plus besoin de prendre de décisions. Par exemple, s'il s'agit d'un homme, le dépendant aura un travail de routine, il apportera son salaire à sa femme qui en disposera comme bon lui semble. Elle paiera les factures, décidera du budget, donnera à son mari un montant d'argent pour ses dépenses de la semaine, s'occupera des enfants, bref, elle décidera tout pour lui. Le dépendant se soumettra facilement à son conjoint qui devient alors le protecteur, mais parfois aussi le dictateur.

On a donné le mari comme exemple dans un couple, mais ça pourrait aussi être la femme?

On rencontre bien sûr des dépendants dans les deux sexes.

Habituellement, le partenaire n'aide pas puisqu'il est d'un autre type de personnalité...

Effectivement. Le partenaire bien souvent renforce encore cette dépendance. S'il est dominateur, il a lui aussi besoin de la personnalité passive dépendante de l'autre, autrement ça ne marcherait pas. Le protecteur va donc nécessairement accorder beaucoup d'attention au dépendant, il lui témoignera même de l'amour, mais en même temps il l'empêchera de se développer et d'avoir plus d'initiative.

Est-ce que les vieux garçons et les vieilles filles que l'on rencontre parfois dans les familles n'appartiendraient pas aussi à cette catégorie?

Poussé à l'extrême, on peut retrouver ce type de personne dans des familles où l'on entend dire : « Lui, il est différent des autres, il ne s'est jamais beaucoup mêlé. On le garde à la maison parce qu'il nous aide bien. » Les parents renforcent encore ce comportement. C'est souvent le bâton de vieillesse qu'on cultive et qu'on garde dans la famille. Même si elles existent de moins en moins, ces situations se rencontrent encore. De l'extérieur, on se demande pourquoi ces personnes restent à la maison ; plusieurs seraient sûrement capables de travailler ; elles n'ont aucune maladie physique, etc. Il est clair que la famille les couve comme des enfants et, au fond, les garde à l'intérieur puisque cela répond aux instances et de la famille et de la personne en cause.

Ce sont sans doute des gens affectueux, qui manifestent peu de jalousie ; ce ne sont pas des gens très coléreux?

Non, effectivement. L'affectivité est par contre superficielle et égocentrique parce que ces personnes se montrent affectueuses en autant que cela leur rapporte. Elle se laissent prendre et aiment se faire prendre. Ce sont de grands enfants.

Cela répond également aux besoins des dominateurs?

Bien sûr. D'ailleurs, les dominateurs savent très bien se servir des dépendants. Néanmoins, dans des activités structurées, les dépendants peuvent être aussi très efficaces. Au niveau du travail, par exemple, ils peuvent réussir très bien s'ils n'ont pas à prendre d'initiatives et de décisions, si le patron explique clairement ce qui doit être fait et que le cadre est assez bien délimité. Par contre, dès qu'ils ont à prendre des initiatives ou des décisions, la situat.on devient menaçante pour eux et ils ne fonctionnent plus. Ils peuvent paniquer lorsque, par exemple, une promotion leur est offerte et la refuser catégoriquement, ou encore s'arranger pour ne pas l'obtenir.

Je ne voudrais pas déprécier la fonction publique, mais j'ai l'impression que dans ce milieu on entretient peut-être les gens dépendants...

On entend souvent dire d'un fonctionnaire «qu'il ne travaille pas très fort, mais que sa sécurité est assurée». Ce genre d'emploi permet certainement aux personnes dépendantes de diminuer de beaucoup leur anxiété. Leurs vieux jours étant assurés, elles n'ont pas à combattre quotidiennement pour leur survie ni à lutter pour s'affirmer. Toutefois, cela ne veut pas dire que tous les fonctionnaires sont nécessairement des dépendants et qu'ils sont tous inefficaces.

Ces personnalités ont-elles tendance à l'alcoolisme et à la toxicomanie ?

Bien sûr. On trouve souvent des alcooliques et des toxicomanes qui ont, à la base, une personnalité dépendante. L'ingestion d'alcool ou de drogue sert à régler leurs problèmes de façon magique, mais de façon tout à fait dépendante, sans qu'ils aient eux-mêmes à changer ou à s'efforcer de changer les choses. L'alcool ou la drogue deviennent en somme des moyens illusoires de régler ces problèmes.

Que faudrait-il suggérer à ceux qui désirent modifier un peu leur comportement ?

Je pense que les personnes dépendantes devraient d'abord apprendre à s'affirmer davantage. Lorsqu'on sait s'affirmer, on se sent mieux dans sa peau. On apprend également à prendre des décisions et à développer un esprit d'initiative qui permet de mieux se débrouiller seul.

L'agressif

Au cours de nos conversations précédentes, nous avons décrit différents types de personnalité qui semblent prédominer chez certaines personnes. Peut-on donc être uniquement agressif, compulsif ?

On peut l'être, mais on peut aussi avoir seulement certains traits des différentes personnalités en question. Le tableau que l'on brosse est un tableau général, qui comprend tous les critères requis pour établir un type de personnalité bien précis.

Nous en venons maintenant à la personnalité agressive. Quand on dit ce mot-là, on peut penser peut-être à la colère, à la violence ou à l'indépendance...

La passivité est ordinairement associée à la dépendance, comme on en a parlé précédemment, tandis que l'agressivité fait immédiatement penser à la force, à l'affirmation et à l'indépendance. Mais derrière cette façade agressive, on peut trouver une dépendance plus grande que celle qui existe dans la personnalité dépendante. Ces deux types de personnalité, soit la passive-dépendante et la passive-agressive, ont donc beaucoup de traits communs. Dans la personnalité agressive, le sujet cherche à combler ses besoins de dépendance, mais de façon agressive, soit par la colère ou par l'agressivité motrice qui peut parfois être très intense et même aller jusqu'à l'homicide.

C'est une personne dépendante qui se rend compte

*qu'elle est dépendante ou qui ne s'en rend pas
compte?*

Elle ne se rend pas très bien compte qu'elle est dépendante. Cette personne est toujours irritée, toujours en colère, mais c'est sa façon de demander. Elle
pense que le meilleur moyen d'entrer en communication avec les autres et d'obtenir ce qu'elle veut est de
le faire de façon agressive. Donc, c'est une personne
très exigeante, qui va pousser les gens, être autoritaire et exprimer son agressivité en paroles ou par
une agressivité motrice. En fait, cela ressemble beaucoup à un comportement infantile. Ce sont des gens
qui manquent malheureusement de maturité et qui
se conduisent comme des enfants frustrés, réagissant
toujours à la frustration de façon agressive. L'enfant
n'a pas encore appris à réagir à la frustration par
d'autres moyens que l'agressivité; il pleure, il crie, il
lance des objets ou il boude. Ce sont ces caractéristiques que l'on retrouve chez la personnalité agressive
adulte.

*Des gens qui sont de mauvaise humeur sans que l'on
sache pourquoi, des gens qui peuvent bouder longtemps...*

A la moindre frustration, justement, ils vont toujours
réagir avec le même mécanisme qui est celui de l'a-
gressivité.

*Cette agressivité peut-elle être efficace et fonction-
nelle?*

Oui. On pourrait effectivement les diviser en deux
types: les agressifs non fonctionnels et les agressifs

fonctionnels. Les premiers sont des gens qui ne réussissent pas très bien dans la vie, qui contestent tout. On les retrouve malheureusement dans bien des mouvements où ils critiquent et revendiquent sans ne jamais faire de propositions constructives ni offrir de solutions. Ils ne se révèlent donc pas très efficaces, contrairement aux agressifs fonctionnels. Ces derniers, eux, nient leur dépendance et se montrent agressifs, autoritaires et exigeants. Ils peuvent très bien réussir dans la vie selon les emplois qu'ils occupent, mais ce sont des tyrans envers les autres qu'ils n'hésitent pas à écarter de leur chemin pour atteindre leurs buts. Et tous les moyens sont bons. Evidemment, tout cela est camouflé par un désir de dépendance que certaines personnes parviennent à détecter. Elles ne craignent alors pas l'agressif et réussissent parfois à le raisonner, mais ce n'est pas toujours le cas.

Comment ces gens-là se comportent-ils lorsqu'ils prennent part à une discussion? Vous dites que ce sont des gens qui contestent...

Ce sont de grands parleurs qui veulent toujours avoir raison; leur solution est toujours la meilleure, bref, ce sont des casse-pieds. Dans les réunions sociales, ce sont eux qui prennent le plancher; si vous avez une opinion à émettre, ils ne sont jamais d'accord avec vous et vont parfois faire des écarts de langage très marqués. Même si les gens les fuient, ils ne se rendent pas compte de leur comportement et persistent à vouloir prouver leur point de vue. Ils vont même rester jusqu'à la fin d'une réunion dans l'espoir de trouver quelqu'un de sympathique à leur cause. C'est donc une relation très intéressée visant à dominer les autres.

Ce sont des gens qui n'écoutent pas ce que les autres ont à dire et qui ne se remettent pas en question...

C'est ça. Malheureusement, ils ont beaucoup de difficulté à se remettre en question parce que, s'ils se remettaient en question, ils se rendraient compte de leur faiblesse. Comme ils veulent nier cette faiblesse qui est une dépendance extrême, ils ont tendance à réagir à l'opposé pour sauver la face.

Comment se comportent-ils à l'égard des lois et des règlements?

Ils vont contester. La conduite automobile en est un bon exemple. Les agressifs tolèrent très mal de se faire dépasser, surtout si la voiture impliquée est plus petite que la leur. Un autre exemple : deux voitures sont arrêtées à un feu rouge ; aussitôt que le feu change, l'agressif doit partir le premier. Il lui faut prouver à l'autre que sa voiture est plus puissante, même au risque d'avoir un accident. Donc, les agressifs ne peuvent pas perdre et il faut qu'ils aient toujours le dessus. Il en résulte qu'ils peuvent avoir un raisonnement fautif et manquer de jugement.

Comment sont-ils au travail? Avec une telle personnalité, on a l'impression que ces gens-là veulent se retrouver grands patrons, bien que je ne croie pas beaucoup qu'ils puissent y arriver...

Ce sont des gens très ambitieux, tendus, et qui acceptent mal l'autorité. Même s'ils ne sont pas patrons, ils croient qu'ils ont toutes les raisons de l'être. Ils acceptent mal les critiques venant des supérieurs et ils vont toujours contester ce que ces derniers disent. Ils peuvent parfois créer des conflits qui conduisent à leur congédiement ou, s'ils sentent qu'ils ne gagneront pas, ils vont partir en claquant la porte. Ce sont des gens qui défoncent des portes et qui parfois vont même les fermer pour pouvoir les défoncer.

Au sujet des relations interpersonnelles, vous disiez qu'en société, ce sont des raseurs, des casse-pieds; en amitié, comment sont-ils?

Je pense qu'ils peuvent dominer d'autres personnes qui sont plus faibles ou qui craignent l'agressivité. Ce sont des gens qui n'ont pas beaucoup d'amis et qui ne peuvent en avoir à cause de leur comportement. En autant que l'autre donne, tout va bien. Bien sûr, ça ne peut pas marcher avec la majorité des gens, ce qui fait que leurs seuls amis sont généralement des personnes qui ont tendance à plier facilement.

En amour, au plan affectif, au plan sexuel?

C'est un peu la même chose. Ils vont jouer le rôle dominant. Ils ont tendance à choisir pour conjoint une personne plutôt passive-dépendante. Si l'agressif l'est seulement en paroles, l'autre apprendra avec le temps qu'au fond il parle beaucoup, mais qu'il n'est pas aussi dangereux qu'il en a l'air; une personne qui est agressive en paroles va donc avoir tendance à choisir un conjoint qui va la laisser parler, la laisser faire ses crises de colère, mais qui au fond va être dominateur. C'est le partenaire qui va conduire vraiment la barque, mais en donnant à l'autre l'impression que c'est lui qui mène. Par contre, si l'agressif l'est en paroles et en actes, c'est plus inquiétant. Il est porté à chercher un conjoint vraiment passif-dépendant afin de pouvoir le dominer complètement. Au point de vue sexuel, c'est une relation qui est encore très dominatrice; c'est l'agressif qui prend. Ce sont des gens qui peuvent être assez brutaux au niveau sexuel, qui manquent absolument de tendresse. Ils prennent mais ne donnent pas beaucoup. D'ailleurs, les relations sexuelles ne leur apportent pas tellement de plaisir; elles servent plutôt à soulager leur tension et à montrer qu'ils sont capables de s'affirmer même à ce niveau.

Est-ce que ces gens-là sont très malheureux?

Oui, je pense que ce sont des gens malheureux et toujours insatisfaits. A cause de leur insatisfaction, de leur agressivité et de leur ambition, ils vont aller jusqu'à se rendre malade pour atteindre leurs buts. Par exemple, on rencontre des agressifs qui souffrent d'ulcères d'estomac et qui développent même des maladies cardiaques.

Peut-on améliorer ces traits de personnalité?

Je pense que l'agressif devrait réaliser qu'il est possible de se poser des questions et de s'apercevoir qu'on réagit toujours de la même façon à des situations de frustration. Nécessairement, lorsqu'on en devient conscient, on peut se dire qu'il y a d'autres façons de réagir. Il devrait accepter davantage ses besoins de dépendance. Tout le monde d'ailleurs a besoin de dépendance. Enfin, l'agressif devrait apprendre que l'agressivité peut s'exprimer de façon beaucoup plus acceptable et plus tolérable.

Le cyclothymique

Parlons de la personnalité cyclothymique. Le mot cyclothymique ne signifie-t-il pas humeur cyclique ou variable ?

C'est exact, mais ceci ne veut pas dire nécessairement que l'humeur doit constamment varier; le terme indique plutôt une dominante dans le caractère d'un individu. Il est normal d'avoir des variations d'humeur, mais pour le cyclothymique, l'intensité de l'humeur est plus grande que dans les variations normales. Le cyclothymique est soit plus gai ou plus triste que la moyenne des gens.

L'humeur est donc une variable importante de sa personnalité ?

Le cyclothymique présente une alternance d'euphorie et de tristesse sans relation apparente avec les événements. Ces alternances de l'humeur sont stimulées par des événements internes plutôt qu'externes; elles sont cycliques, plus ou moins longues et plus ou moins intenses.

Quand ils sont de bonne humeur, ils doivent être très actifs et très énergiques ?

C'est vrai. Le cyclothymique ne compte ni son temps ni son énergie; ce n'est pas lui qu'on pourra accuser de paresse. Par contre, il peut courir trop de lièvres à la fois et rater son affaire. Même en vacances, il cherche toujours des activités qui le tiennent en alerte du matin au soir, car la solitude est son plus grand ennemi. Il faudrait cependant qu'il sache faire face à la situation, mais il a trop peur de ressentir son insécurité et son manque de confiance. Il essaie d'ailleurs de se défaire de ses sentiments d'insécurité par une apparence de maîtrise et de confiance en soi.

Sont-ils envieux et ambitieux?

Ils ne sont pas envieux, mais ils sont très compétitifs. Très ambitieux, ils n'acceptent pas de demi-succès, mais comme ils sont en compétition avec eux-mêmes, ils ne sont ni méchants ni désagréables envers les autres. Ce n'est que dans l'échec qu'ils perdent leur façade et leur joie de vivre.

Ils peuvent sûrement être un atout appréciable dans leur milieu du travail...

Au point de vue travail, les heures ne comptent pas pour eux et ils fonctionnent beaucoup mieux dans des fonctions où ils sont libres de leur temps et où ils peuvent prendre de l'initiative. Un emploi de vendeur ou de commis voyageur leur convient habituellement très bien. Plusieurs politiciens ont également ce type de personnalité.

S'il en est ainsi pour les politiciens, les relations interpersonnelles sont sûrement très importantes pour eux...

C'est sans doute l'être le plus sociable qui soit. Il met de la vie partout, il est un stimulant. C'est celui qui donne le plus de lui-même en société, celui qui peut rire tout en travaillant et qui pousse son entourage à l'imiter. Il se sent bien partout, il peut parler de n'importe quel sujet sans ne jamais perdre la face et réussit à passer là où plusieurs n'oseraient même pas essayer. En société, c'est donc un boute-en-train. Très démonstratif, il est souvent superficiel dans ses échanges sociaux, mais il en a tellement qu'il ne peut être sincère avec tous. Il a donc beaucoup de connaissances, mais peu d'amis.

Son comportement doit être le même dans ses relations sentimentales...

En effet, dans ses relations sentimentales, il aura plutôt tendance à être flatteur et frivole. C'est un don Juan. Par contre, ses infidélités ne portent pas à conséquence. Il ne dédaigne pas plus le plaisir sexuel que les autres plaisirs, mais souvent il en parle plus qu'il n'en fait. L'important pour lui est de séduire. Comme il n'est pas un grand sentimental, sa sexualité ne touche que le moment présent.

Cette personnalité intéressante, bien que souvent superficielle, donne-t-elle lieu à certaines améliorations?

Bien sûr, les cyclothymiques devraient apprendre à ne pas trop se disperser et à tolérer la solitude qui pourrait leur être bénéfique en leur permettant de se remettre en question et de se développer davantage.

Les
maladies
mentales

Les névroses

Doit-on parler des névroses? A-t-on besoin d'être renseigné sur les divers troubles psychologiques?

Le fait de pouvoir expliquer clairement de quoi il souffre aide non seulement le malade, mais aussi le médecin. C'est également une forme d'éducation populaire nécessaire car bien des termes médicaux et psychologiques sont souvent galvaudés. On parle de schizophrénie alors que ce n'en est pas, on parle de dépression alors qu'il s'agit d'une névrose d'angoisse. Donc, parler des problèmes psychologiques constitue une forme d'éducation et de clarification autant pour le malade que pour le médecin.

Ne pourrait-on pas parler d'abord de l'anxiété et de là définir les différents types de névroses?

On pourrait définir les névroses à partir de l'anxiété, puisqu'elle se retrouve dans toutes les névroses. L'anxiété ou l'angoisse, parce que c'est la même chose, peut se définir comme un état persistant ou récidivant de crainte et d'appréhension, de malaise interne qui s'accompagne la plupart du temps de signes physiologiques comme des palpitations, des tremblements, une augmentation du rythme cardiaque, des étourdissements, etc. Dans toutes les névroses on retrouve de l'anxiété, mais celle-ci se manifeste différemment selon le type de névrose.

Passons maintenant aux différents types de névroses...

L'anxiété ou l'angoisse se manifeste de façon prédominante dans la névrose d'angoisse. Dans ce type de névrose, l'anxiété est à la base de tout le problème. Il s'agit d'une anxiété flottante qui peut aller jusqu'à provoquer des crises de panique; le malade a l'impression de mourir, de perdre connaissance; il souffre d'insomnie, de cauchemars, de douleurs thoraciques, de troubles digestifs, de difficultés respiratoires, etc. Tous ces problèmes sont causés par l'anxiété. Le malade ne sait pas pourquoi il est anxieux et il ne connaît pas la cause de son anxiété. C'est le genre de malades qu'on rencontre souvent dans les cabinets de médecin et qui sont traités pour troubles nerveux; l'examen physique est habituellement normal. Ce type de névrose se rencontre de façon égale chez les deux sexes. L'anxiété peut être présente de façon permanente ou de façon épisodique, pendant deux ou trois jours durant lesquels le sujet sera très anxieux sans savoir pourquoi. Puis, elle diminuera, mais elle peut reprendre plus tard, parfois après quelques jours sinon quelques mois et devenir chronique.

Le malade a réellement des malaises physiques?

Oui. Il ressent des malaises physiques, mais il n'existe aucune cause physiologique ou physique qui puisse expliquer ces malaises.

Nous parlerons plus loin des traitements des névroses en général. Quant à la névrose d'angoisse en particulier, quel est le pronostic?

De façon globale, on peut dire que, même sans traitement, trente-trois pour cent des malades guérissent spontanément, alors que les autres présentent des symptômes chroniques et ont nécessairement besoin d'aide. Evidemment, le problème de l'anxiété demeure un domaine de recherche encore complètement ouvert, tant au niveau des théories relatives à son origine qu'au niveau du développement de nouveaux traitements.

Un deuxième type de névrose...

C'est la névrose phobique. Je crois que c'est la névrose qu'on connaît le mieux. Ici, l'anxiété survient uniquement lorsque le patient est en présence de certains objets ou de certaines situations. L'anxiété est donc extériorisée et spécifique, contrairement à la névrose d'angoisse. Les phobies sont des peurs incompréhensibles et irrationnelles qui peuvent se diviser en deux grandes catégories : les phobies externes et les phobies internes. Les phobies externes, dont celle des animaux, par exemple, ou encore l'agoraphobie, c'est-à-dire la peur des foules, des grands espaces, où le malade n'est anxieux que dans ces situations. En dehors d'elles, le niveau d'anxiété est tout à fait tolérable. Quant aux phobies internes, nous y reviendrons.

Les malaises sont donc semblables à ceux mentionnés précédemment...

Les malades présentent les mêmes symptômes, sauf qu'alors que l'anxiété se manifeste à n'importe quel moment dans la névrose d'angoisse, elle ne se manifeste que dans des situations bien particulières dans la névrose phobique.

L'anxiété est donc causée par des objets ou des situations externes. Peut-elle être également causée par des situations internes?

C'est la seconde catégorie, ce qu'on appelle les phobies internes, comme la peur des maladies, par exemple. Il existe des gens qui vont présenter de graves problèmes d'anxiété parce qu'ils croient avoir un cancer, une maladie de coeur, etc. L'anxiété survient au moindre malaise parce que tout de suite ils associent anxiété à maladie. C'est une phobie interne puisque la cause de l'anxiété n'est pas extérieure mais intérieure.

Quel est le pronostic des cas de névrose phobique?

En général, je dois dire que c'est sûrement la forme de névrose qui se traite le plus facilement et qui donne de bons résultats, quelles que soient les techniques employées, sauf peut-être pour l'agoraphobie, la peur des foules ou des grands espaces, où c'est plus compliqué. On ne sait pas très bien pourquoi, mais il est effectivement plus difficile de traiter ces malades. Le malheur est qu'il faut s'attendre à des rechutes dans plusieurs cas d'agoraphobie. Le sujet peut bien fonctionner pendant un ou deux ans et avoir ensuite une rechute de sa phobie. Cependant, on peut alors reprendre les traitements et améliorer de beaucoup sa condition.

Quel est le troisième type de névrose?

C'est ce qu'on appelle la névrose hystérique. Dans ce cas, l'anxiété se transforme en un symptôme physique. La névrose se manifeste par des affections au niveau du système nerveux comme la paralysie, la cécité, la surdité, l'anesthésie des membres, les troubles de la démarche, les évanouissements, etc., mais sans qu'il y ait lésion neurologique. De plus, le malade montre souvent ce qu'on appelle une «belle indifférence» à l'égard de ces symptômes. Le malade devrait être anxieux, mais, au contraire, une fois le symptôme présent, il semble tout à fait calme, tout à fait indifférent à ce qu'il lui arrive. Sa façon d'exprimer son anxiété se manifeste uniquement par des symptômes physiques. Bien sûr, le malade s'attire la sympathie de son entourage, mais il se désiste aussi de ses responsabilités.

Quelle est la cause de cette névrose?

Il y a plusieurs causes. Les psychanalystes disent que c'est un problème qui remonte à Oedipe et les behavioristes l'expliquent par les théories de l'apprentissage. Je dois ajouter qu'on parle souvent d'hystérie chez la femme, mais elle existe aussi chez l'homme où elle survient surtout lorsqu'il y a possibilité d'une compensation financière, comme dans les cas d'accidents de travail par exemple.

Quel est le pronostic des névroses hystériques?

Le pronostic est en général assez bon, même si, encore là, les rechutes sont probables. Bien souvent, les symptômes hystériques se manifestent de façon sporadique ou épisodique. C'est une crise aiguë qui survient, qui peut durer quelques jours, surtout lors d'une crise émotionnelle et les symptômes peuvent également changer d'une fois à l'autre.

Il reste un dernier type de névrose, je pense...

Oui, c'est la névrose obsessionnelle. C'est une maladie qu'on ne connaît pas beaucoup dans le grand public et qui rend les malades excessivement malheureux. Elle représente en fait moins de cinq pour cent de toutes les névroses et elle se retrouve autant chez les hommes que chez les femmes. Elle se présente sous deux formes de grands symptômes. Tout d'abord, les ruminations qui sont des idées qui ne cessent de s'imposer involontairement et irrésistiblement à la volonté. Par exemple, la mère de famille qui a un jeune bébé et dont la pensée de le tuer lui revient cent fois par jour. Vous vous imaginez sans doute la détresse de cette femme et la présence répétitive de cette pensée qui augmente l'anxiété. On retrouve également des compulsions, c'est-à-dire un comportement irraisonné que le sujet se sent obligé d'adopter, tout en sachant que c'est ridicule. Par exemple, il existe des gens qui, aussitôt qu'ils ont touché à quelque chose, vont se laver les mains à plusieurs reprises au cours de la journée, même si elles sont parfaitement propres. C'est ce qu'on appelle les « laveurs de mains ». Il existe également des « vérificateurs », c'est-à-dire des gens qui vont vérifier sans cesse les boutons de la cuisinière, qui vont vérifier les portes, etc. Ces gens se sentent obligés d'exécuter ces gestes et s'en trouvent très malheureux. L'exemple le plus connu est sûrement celui d'Howard Hughes qui était un grand obsessionnel et qui a bâti tout son univers pour éviter la soi-disant contamination qui lui donnerait une maladie très sévère.

Les causes ?

Encore là, les psychanalystes rapportent que c'est

une régression au stade anal et que tous les problèmes des obsessionnels sont reliés à l'agressivité et à la saleté. Selon les théoriciens de l'apprentissage, la névrose obsessionnelle est une forme de conditionnement : l'anxiété diminuant à chaque fois que le sujet accomplit son rituel, le malade s'installe dans un cercle vicieux où il répète sans cesse ses gestes compulsifs pour diminuer son anxiété.

Le pronostic dans les cas de névrose obsessionnelle ?

Il y a parfois des périodes de rémission, mais habituellement ce sont des problèmes chroniques qui sont difficiles à traiter.

Il y a quand même peu de gens qui souffrent de cette maladie...

C'est quand même cinq pour cent de la population et ces gens sont tellement misérables qu'ils ont besoin d'aide. Malheureusement, dans la plupart des cas ils ne consultent pas. Pourtant, ils devraient le faire parce que de plus en plus on découvre de nouveaux traitements pour cette maladie.

D'une façon générale, les traitements pour les différents types de névroses se ressemblent-ils ?

Oui, à peu d'exceptions près. Je dirais tout d'abord que l'utilisation des médicaments est certes très utile, principalement les médicaments visant à diminuer l'anxiété, c'est-à-dire les anxiolytiques et parfois les antidépresseurs, puisque souvent il y a des épisodes de dépression. Au point de vue psychologique, on trouve surtout deux grands types de traitements, soit les psychothérapies et les techniques de thérapie comportementale qui donnent d'assez bons résultats la plupart du temps.

Les dépressions

Nous parlerons maintenant des dépressions et non pas de la dépression, puisque c'est vous qui avez choisi d'en parler au pluriel...

Oui, car les gens parlent de la dépression alors qu'il y a plusieurs types de dépressions, soit la dépression réactionnelle, la dépression névrotique, la dépression psychotique et la mélancolie d'involution. Ce sont les quatre types de dépressions. Même si les gens en parlent beaucoup, il faut dire qu'on ne trouve des dépressions qu'à peu près dans trois pour cent de la population. Donc, trois personnes sur cent peuvent, ou pourraient faire, ou feront une dépression au cours de leur vie. Dans ce pourcentage, on estime que la moitié feront des rechutes.

Ce n'est pas parce qu'on a les bleus un matin, qu'on se sent un peu plus abattu qu'on fait une dépression ?

Non. D'ailleurs, la dépression, quelle que soit son intensité, est toujours temporaire, même sans traitement. Habituellement, sans aucun traitement, elle peut durer de six à sept mois et rentrer dans l'ordre par la suite. Cela peut aller d'une légère tristesse à la suite d'une déception jusqu'à un effondrement complet et prolongé de la personnalité.

Selon la définition que vous en faites, comment se manifeste la dépression réactionnelle ?

Dans la dépression réactionnelle, comme dans toutes

les dépressions, on retrouve toujours de la tristesse, des pertes de sommeil et d'appétit, de la fatigue, de l'apathie et de l'auto-accusation. L'insomnie est toujours un signe précurseur. Je ne veux pas dire que tous ceux qui souffrent d'insomnie sont déprimés, mais c'est un symptôme de dépression. C'est donc un ralentissement psychomoteur généralisé. Quant à la dépression réactionnelle, cela veut dire « en réaction à quelque chose », souvent à la suite d'un événement triste, comme par exemple le décès d'un être aimé. C'en est l'exemple le plus classique. On peut retrouver le même type de dépression à la suite d'une séparation, d'un divorce, d'un échec au plan professionnel, de la perte d'un emploi, etc. C'est toujours une dépression passagère, et le pronostic est habituellement assez bon parce qu'on en connaît la cause. Cela ne veut pas dire que les gens qui font une dépression réactionnelle n'ont pas besoin d'aide.

Après la dépression réactionnelle, vous parlez de la dépression névrotique...

La dépression névrotique est la plus fréquente. La grande différence avec la dépression réactionnelle, c'est que le malade réalise que son état n'est pas justifié par les faits. Il éprouve un sentiment d'impuissance face à la vie ; il se sent incapable d'agir avec pleine capacité ; il se blâme et s'accuse lui-même, mais sans raisons valables. Personne ne l'a quitté et il n'a rien perdu. La dépression arrive subitement et sans raison apparente. En règle générale, quatre facteurs jouent dans le développement de ce type de dépression. Il peut y avoir, bien sûr, des inégalités d'humeur à la suite d'une perte ou d'un désappointement, mais il y a surtout des changements au niveau de l'estime de soi; le malade pense qu'il ne réussira pas, qu'il n'est pas bon, que les autres sont toujours meilleurs que lui. Dans la dépression névrotique, il y a aussi des conflits reliés à l'agressivité : incapable d'exprimer son agressivité envers les autres, le malade la tourne nécessairement contre lui-même. Enfin, on retrouve la plupart du temps ce type de dépression chez les personnalités dépendantes.

Vous parliez de changements au niveau de l'estime de soi. Se situent-ils au plan des rapports avec d'autres personnes, ou encore au plan du travail ?

En fait, le sujet n'a pas raison de douter de lui, mais il s'estime moins bon qu'il l'était et croit que, dans l'avenir, ses relations avec les autres se détérioreront et que son rendement au travail s'affaiblira. Encore là, la dépression névrotique en est une qui est habituellement passagère, avec un bon pronostic. La psychothérapie de soutien et les antidépresseurs, c'est-à-dire les médicaments contre la dépression, peuvent sûrement aider les gens à traverser plus rapidement leur phase dépressive.

Comme on l'a déjà dit, il vaut mieux consulter...

Oui, si cela dure le moindrement longtemps, et surtout afin de raccourcir la durée de la dépression puisqu'on ne se sent jamais très bien lorsqu'on est déprimé.

Ce sont les médicaments qui me font un peu peur...

Habituellement, les médicaments, c'est-à-dire les

antidépresseurs, commencent à agir après quinze jours à un mois de médication. Ce n'est donc pas la panacée, mais ce type de médicament peut aider bon nombre de malades.

Ensuite, vous parlez de dépression psychotique...

La dépression psychotique est une dépression beaucoup plus grave. On retrouve les mêmes symptômes que dans la dépression névrotique, mais il y a en plus une perte de contact avec la réalité. Donc, l'intensité de la dépression est beaucoup plus grande. Heureusement, ce type de dépression est plus rare. Dans ce cas, le malade est vraiment sans espoir et d'un pessimisme extrême; il est grabataire, à un point tel qu'il en devient incapable de pleurer. Elle peut provoquer un délire en rapport avec des auto-accusations. Par exemple, un délire religieux où le malade se voit comme un pécheur condamné à l'enfer et qui sera puni pour le mal qu'il a fait.

Et ce malade est incapable de pleurer et se retrouve au lit, en plus?

En effet, le ralentissement psychomoteur est à un point tel que le malade ne peut même plus se lever et n'a plus le goût de rien. On retrouve aussi des ruminations suicidaires importantes, camouflées la plupart du temps. C'est une dépression à laquelle il faut porter beaucoup plus d'attention et l'hospitalisation s'impose à cause de la prédisposition au suicide. Le désir d'en finir est tellement profond que le malade cache très bien ses idées suicidaires afin d'être certain de ne pas manquer son coup.

Et le traitement?

Le traitement n'est pas facile. D'abord, l'hospitalisation est nécessaire. La psychothérapie et les antidépresseurs sont dans ce cas beaucoup utilisés et parfois les électrochocs, qui donnent d'excellents résultats. Heureusement, avec l'arrivée des antidépresseurs, on donne beaucoup moins d'électrochocs que par les années passées. Soit dit en passant, il ne faut pas dramatiser le danger des électrochocs.

N'y a-t-il pas un type de dépression relié à la ménopause?

Oui, ça s'appelle la mélancolie d'involution. C'est un syndrome qui survient pendant la période d'involution, c'est-à-dire la ménopause, et qui se caractérise principalement par des soucis, de l'anxiété, de l'agitation ou de la dépression. C'est pour cela qu'il y a deux types de mélancolie, soit la forme agitée et la forme dépressive. On retrouve des sentiments de culpabilité très marqués et une importance particulière pour des préoccupations somatiques qui peuvent atteindre des proportions délirantes. Je me souviens d'une malade qui avait nettement l'impression que son corps était en train de se décomposer, de pourrir. Vous voyez un exemple de proportion délirante. C'est une maladie qu'on retrouve plus souvent chez les femmes que chez les hommes, en général trois femmes pour un homme, et qui survient aussi à des âges différents: à peu près entre cinquante et un et soixante ans chez la femme et entre soixante et un et soixante-cinq ans chez l'homme.

J'allais vous dire, est-ce que ce ne serait pas un pro-

blème culturel? Est-ce que ce ne seraient pas les images mêmes que l'on propose aux femmes qui feraient qu'elles se sentent incapables d'y correspondre?

On retrouve peut-être plus souvent ce type de dépression chez la femme parce que les facteurs psychologiques comme le départ des enfants, la perte de la beauté physique, etc., prennent beaucoup d'importance dans notre société, surtout dans le cas où elle n'a pas remplacé ces pertes par des substituts adéquats comme la participation à divers groupes sociaux ou culturels, des hobbies, des intérêts nouveaux, etc. Chez l'homme, cela peut arriver aussi. Il peut y avoir des pertes d'indépendance financière ou de prestige. Il y a évidemment la perte du conjoint qui joue également. Quant au point de vue physique, on a longtemps cherché des causes physiques pour expliquer ce type de dépression, mais les problèmes physiques seraient apparemment très secondaires sinon inexistants dans la mélancolie d'involution.

Mais ça se manifeste quand même d'une manière physique?

Oui, à cause des symptômes somatiques. De plus, on retrouve la mélancolie d'involution chez des gens qui ont une personnalité obsessive-compulsive, chez la dame frotteuse, par exemple, qui toute sa vie ne s'est attachée qu'à ses enfants, sans aucun investissement extérieur. Finalement, le nid se vide et elle se retrouve complètement seule, sans aucun apport extérieur. C'est à ce moment qu'elle peut présenter une mélancolie d'involution.

Donc ce sont des personnes qui vont souffrir d'in-
somnie, de fatigue, de perte d'appétit, qui présentent
des symptômes physiques et psychologiques?

En général, oui. Les symptômes peuvent aller jusqu'aux accès de délire hallucinatoire accompagnés
d'idées suicidaires. On peut parfois déceler une agitation extrême. Il importe au médecin de s'occuper
aussi de la condition physique de ces personnes,
puisque des désordres métaboliques ou nutritionnels
peuvent survenir lors de la dépression. J'ajoute que
dans ces cas, les électrochocs donnent de très bons
résultats. On ne connaît pas le mécanisme en cause,
mais, chose étonnante, dans la mélancolie d'involution, ce traitement est parfois miraculeux.

Et le pronostic?

Le pronostic, en général, est très bon. On observe
une guérison complète à la suite d'un traitement
dans cinquante à quatre-vingts pour cent des cas.

Avec l'aide aussi, j'imagine, soit d'antidépresseurs
ou de tranquillisants et un traitement de soutien?

Cette combinaison de traitements ne peut qu'améliorer le pronostic.

Le suicide

On parle beaucoup du suicide. On en parle à chaque année de façon régulière. Il paraît qu'il y a des mois pour se suicider, est-ce vrai ou faux ?

C'est vrai. On rapporte plus de suicides à l'automne et au printemps.

A-t-on des statistiques à ce sujet ?

Pour le Canada, je ne pourrais vous en donner, mais il faut se rappeler qu'il y a environ vingt-deux mille suicides par année aux Etats-Unis. Ce sont les suicides rapportés ; on croit que cela pourrait être le double. Le suicide figure parmi les cinq premières causes de décès chez la population et la deuxième cause de décès chez les jeunes de quinze à dix-neuf ans. Il y a aussi plus d'hommes qui se suicident, mais plus de femmes qui commettent des tentatives de suicide. Il ne faut pas oublier quand même que la tentative de suicide représente un appel à l'aide. Enfin, le taux de suicides le plus bas se retrouve chez les gens mariés qui ont des enfants.

Il paraît qu'il y a des suicides dont on ne parle presque jamais parce qu'on ne le sait pas toujours, ce sont les suicides chez les vieillards...

Effectivement, mais c'est difficile à évaluer parce qu'il y a plusieurs catégories de gens qui se suicident. Ce ne sont pas tous des malades mentaux même s'il y a plusieurs pathologies mentales qui peuvent conduire au suicide. Les gens qui décident de se suicider sont sûrement émotionnellement perturbés et très malheureux.

J'ai entendu, au cours d'un exposé sur le sujet, que le suicide était une maladie mentale. Je ne suis pas d'accord...

Vous avez raison parce que le suicide n'est ni un diagnostic ni une maladie mentale. Certaines maladies mentales peuvent conduire au suicide, mais il y a aussi des gens normaux qui, à un moment donné, ont des problèmes tellement aigus qu'ils se suicident.

Est-ce qu'il y a des indices qui puissent faire penser à une possibilité de suicide?

Il y a quatre indices. D'abord, des changements dans les intérêts de la personne; par exemple, une personne qui soudainement n'est plus intéressée à travailler, à réussir, et qui se retire de la vie sociale. Des changements dans le style de vie également: des gens qui sortaient beaucoup et qui soudainement cessent de le faire, restent chez eux, deviennent très casaniers; des changements dans les habitudes aussi: par exemple, des gens qui se mettent à dormir le jour et à ne plus dormir la nuit. Enfin, des changements d'attitude à l'égard de la vie: pessimisme, retrait, désintéressement de tout ce qui se passe autour de soi.

Ces changements ne signifient pas toujours des idées suicidaires...

Non, car ces changements peuvent être associés à certaines dépressions.

Il existe quand même des mythes à propos du suicide...

En effet, il y a des gens qui prétendent que ceux qui parlent de suicide ne le commettent jamais. C'est faux, puisque dans huit suicides sur dix, les sujets avaient manifesté leur intention de poser ce geste. Il faut donc être très vigilant lorsqu'une personne parle de suicide. Il faut être attentif à ce signe qu'elle nous donne. Un autre mythe, c'est que la personne qui a décidé de se suicider le désire réellement. C'est loin d'être toujours vrai, car la plupart des gens qui se suicident ne savent pas s'ils veulent ou non mourir. Ils décident de jouer avec la mort et laissent aux autres le rôle de les sauver. Par exemple, Marylin Monroe, après s'être intoxiquée de médicaments, avait apparemment fait un ultime appel à une personne par téléphone, mais la ligne était occupée; elle n'a pas pu être sauvée. On dit aussi que les suicidaires entretiennent de telles idées pendant toute leur vie. C'est faux, puisqu'ils ne ressentent cette envie que pendant une courte période de temps. C'est un épisode aigu; une fois l'épisode passé, le malade n'a plus d'idées ou de ruminations suicidaires. Il faut néanmoins faire attention, car parfois certaines personnes s'améliorent après une tentative et le risque semble passé alors qu'il ne l'est pas. Certains suicides surviennent jusqu'à trois mois après l'amélioration, lorsque la personne a assez d'énergie et de force pour vraiment en finir avec ses jours.

Il y en a qui disent qu'il faut être un faible pour se suicider, alors que d'autres disent que cela demande un courage extraordinaire...

Il y a des gens qui prétendent que ceux qui se suicident sont des lâches. Je pense, au contraire, qu'il faut être excessivement courageux. C'est une décision très grave, ce n'est pas une décision impulsive quoi qu'on puisse en penser. Il ont mijoté leur projet avant de le mettre à exécution.

Il y a quand même des gens qui passent leur vie à jouer avec leur mort, si on peut dire...

En effet, bon nombre de personnes tentent de se suicider, mais la tentative suicidaire est toujours un appel à l'aide. Il faut donc toujours la prendre au sérieux.

Est-ce qu'on peut dire que c'est un acte impulsif?

Non, ce n'est pas un acte impulsif ; le suicide est toujours préparé à l'avance.

Vous avez mentionné quelques signes auxquels il faut porter attention chez les suicidaires, mais il y a des personnes, des survivants, qui se sentent culpabilisés à la suite du suicide d'un proche. Est-ce que ce n'est pas souvent le désir du suicidé de culpabiliser les survivants?

Je ne suis pas sûr de cela. Il est évident que le suicide d'un membre d'une famille a un impact énorme. C'est pourquoi, au niveau préventif, il est important de s'occuper aussi de ceux qui survivent à la personne qui s'est suicidée. Tout suicide crée dans l'entourage une réaction de culpabilité sinon de honte et la famille demeure très perplexe quant au rôle qu'elle aurait dû jouer pour éviter cette tragédie. Il est important d'apporter une aide sous forme de réassurance, de directives et même d'interprétations afin que les proches ne soient pas traumatisés à long terme.

Il y a encore beaucoup de gens qui n'osent même pas prononcer le mot suicide, ça les dérange, c'est encore tabou...

En fait, la mort fait peur à la majorité des gens, alors, nécessairement, si quelqu'un a décidé de sa propre mort, cela fait encore plus peur.

Quelqu'un qui rate son suicide, qui ne le rate pas volontairement, que fait-on de lui ?

Toutes les tentatives de suicide doivent être prises sérieusement et les gens qui les commettent doivent recevoir de l'aide. Une consultation s'avère sûrement très utile et un traitement adéquat demeure primordial.

Et comment traite-t-on celui, ou celle, qui vit avec cette personne ?

Il faut évidemment s'occuper aussi de l'entourage. Il peut y avoir des problèmes de couple ou de famille, des problèmes d'interaction sociale, de travail, etc.

Quant au suicide collectif...

Ce n'est pas très connu. On peut se demander si ce sont des suicides ou des homicides commandés par d'autres.

Les déviations sexuelles

On a l'impression que lorsque l'on parle de dévia-
tions sexuelles, on en parle comme si c'était unique-
ment une prérogative masculine...

C'est vrai, mais on peut expliquer ce phénomène de
différentes façons. On pourrait dire d'abord que la
sexualité est beaucoup plus importante pour les
hommes, alors que la sensualité semble beaucoup
plus importante pour les femmes. Cela pourrait expliquer le plus grand nombre de déviants sexuels
chez les hommes. On peut aussi expliquer ces comportements en fonction de l'influence sociale. Ainsi,
certains comportements sont mieux acceptés chez
les femmes que chez les hommes. L'exhibitionnisme,
par exemple, est beaucoup plus accepté chez les
femmes à cause de la mode, etc. Chez les hommes,
c'est quand même beaucoup plus limité. Enfin, il y a
sûrement l'influence culturelle qui entre en jeu. Prenons deux exemples très simples : lorsqu'on voit
deux femmes se rencontrer dans la rue et s'embras-
ser, personne ne passe de commentaires. Par contre,
si on voit deux hommes en faire autant, on se pose
des questions. Avec les enfants, c'est un peu la même
chose. Les relations chaleureuses sont plus acceptées
entre les femmes et les enfants qu'entre les hommes
et les enfants. D'ailleurs, je connais beaucoup de pè-
res qui ont presque cessé d'être chaleureux avec leur
garçon ou leur fille dès qu'ils ont commencé à aller à
l'école. On dirait presque qu'il est interdit aux hom-

mes de manifester leurs sentiments dès que les enfants ont atteint l'âge scolaire.

Si on définissait peut-être d'une façon générale ce que sont les déviations sexuelles...

Je dirais que les déviations sexuelles sont des comportements sexuels où la gratification est obtenue par des moyens autres que les relations sexuelles normales. Il y a donc une gratification sexuelle quand même, comme chez tout le monde, sauf que les moyens ou le but sont différents de ceux d'une relation sexuelle normale. Cette définition générale englobe toutes les déviations sexuelles.

Auriez-vous des exemples à donner?

Citons l'exhibitionniste, c'est-à-dire celui qui s'exhibe dans les lieux publics, et le voyeur, c'est-à-dire celui qui court les ruelles pour aller épier dans les fenêtres. Ces gens craignent la relation sexuelle adulte et se procurent une gratification sexuelle à distance.

Donc, sans vivre cette relation sexuelle normale...

La gratification sexuelle ne vient pas d'une relation sexuelle avec une personne. Dans ce cas, le moyen est différent.

Y a-t-il des caractéristiques précises propres aux déviants sexuels?

Les gens croient que les déviants sexuels souffrent d'un excès de sexualité. Et pourtant, ce n'est pas le cas la plupart du temps. Bien au contraire, le déviant sexuel est habituellement incapable de trouver une satisfaction sexuelle dans une relation adulte normale, soit par timidité ou à cause de son incapacité de faire des contacts avec ses semblables. C'est une caractéristique de tous les déviants sexuels. D'ailleurs, ils reconnaissent leurs tendances dès l'adolescence et sont bien conscients de leur problème de timidité et d'interrelation avec les autres. Ils luttent contre leurs impulsions. Ce combat peut se traduire de deux façons : soit par une inhibition complète de tout comportement sexuel ou encore par des expériences déviantes suivies de remords.

Est-ce que ces gens-là tentent des aventures ou des expériences normales ?

Certains n'en tentent pas du tout. D'autres ne font que des expériences déviantes qui sont suivies de remords et d'autres enfin tentent parfois quelques aventures sexuelles normales mais subissent un échec ou ont une absence complète de plaisir. Ces deux variables renforcent alors l'idée de leur anomalie.

Ce ne serait pas l'image qu'ils ont d'eux-mêmes qui serait déviante ou déformée ?

Cette image est déformée à cause de leur personnalité. Ils ont souvent une faible estime d'eux-mêmes et beaucoup de difficulté à s'affirmer. Ils peuvent même présenter beaucoup d'anxiété ou des épisodes dépressifs secondaires à ce sentiment de culpabilité qui découle de leur comportement déviant.

Vous nous avez donné quelques exemples de déviations sexuelles. Déviations sexuelles, c'est un terme qui ne doit pas tout comprendre. Vous avez parlé d'exhibitionnisme et de voyeurisme...

Pour vous démontrer ce sentiment de culpabilité, je vous cite l'exemple d'un exhibitionniste que j'ai connu et qui, tous les mardis, entre neuf et dix heures du soir, allait s'exhiber devant la même clinique, devant la même réceptionniste qui pouvait le voir par la fenêtre. Evidemment, il a été très facile de le faire arrêter. Se sentant coupable de son comportement, il se plaçait donc dans une situation où il pouvait se faire prendre et expier ainsi sa faute.

Lorsque des objets remplacent les personnes, appelez-vous cela du fétichisme ?

Oui. Dans le fétichisme, la gratification sexuelle s'obtient au moyen d'un objet inanimé qui, bien souvent, appartient à une femme; des gants de cuir, des petites culottes, des bas nylon, etc. Dans le fétichisme, il y a deux notions : la notion de distance avec la personne et la notion d'un objet inanimé. Chez le voyeur et chez l'exhibitionniste, il y a seulement la notion de distance.

Et le travestisme ?

Dans ce cas, le sujet diminue sa peur des femmes en devenant, si je puis dire, lui-même une femme par son déguisement et son maquillage : « Si j'ai peur de l'autre et que je deviens l'autre, je n'aurai plus à avoir peur puisque je serai devenu l'autre. » C'est un autre exemple de la crainte qui hante les déviants sexuels dans les relations interpersonnelles, dans la façon de s'affirmer, que ce soit avec des personnes de même sexe ou de sexe opposé.

Quant on dit travestisme, on ne dit pas homosexualité...

Ah non, pas du tout! D'ailleurs, je dois rappeler que l'homosexualité n'est plus un diagnostic selon l'association américaine de psychiatrie.

La pédophilie...

Dans la pédophilie, le sujet a des activités sexuelles avec des enfants. Ici, le déviant sexuel se contente d'un substitut de l'adulte, c'est-à-dire l'enfant. L'enfant étant plus petit et plus faible, il lui fait donc moins peur que l'adulte.

Et pour ce qui est des animaux...

On serait étonné de connaître le nombre de cas de bestialité. Dans la bestialité, la peur a atteint un niveau tellement profond que l'activité sexuelle ne peut même pas se manifester avec une personne. Vous voyez alors cette espèce de gradation; dans certains cas, ça se passe avec des adultes, chez d'autres, c'est avec des enfants. Certains ont tellement peur des contacts sexuels avec une autre personne qu'ils se contentent d'objets ou d'animaux.

Donc, les déviations sexuelles à divers niveaux sont de différents degrés et de différente intensité. Le pronostic, quel est-il?

Quant au pronostic, je parle toujours en fonction d'un traitement. D'abord, le pronostic dépend de l'âge du sujet. Plus le sujet est jeune, meilleur est le pronostic. Il dépend aussi des relations qu'a le malade avec d'autres adultes. Enfin, si le sujet a des fantaisies sexuelles normales, le pronostic est bien meilleur.

On consulte donc un psychiatre ou un psychologue...
On peut consulter l'un ou l'autre. Il est heureux de constater que l'on a maintenant davantage à offrir aux déviants sexuels, mais il faut toujours tenir compte que le sujet doit être motivé pour subir le traitement et qu'il doit désirer changer son comportement.

Les dysfonctionnements sexuels

On a parlé des déviations sexuelles : le voyeurisme, l'exhibitionnisme, le fétichisme, le travestisme, la pédophilie ou la bestialité. Y a-t-il une différence entre déviations et dysfonctionnements ?

Dans les déviations, le comportement est anormal, alors que dans les dysfonctionnements il est normal mais accompagné de troubles fonctionnels. Il existe deux types de dysfonctionnements sexuels. D'abord, l'incapacité d'avoir une relation sexuelle; c'est le cas de l'impuissance où le sujet désire une relation sexuelle normale mais en est incapable. L'autre type porte sur la difficulté à éprouver du plaisir au cours d'une relation sexuelle; par exemple, dans les cas de frigidité, la femme désire souvent avoir des rapports sexuels, mais elle ne ressent absolument rien au cours du coït. Dans les dysfonctionnements sexuels, on remarque une absence de plaisir ou une difficulté à accomplir l'acte sexuel, ce qui n'est pas le cas des déviations sexuelles où le but n'est pas orienté vers une relation sexuelle, et où le plaisir ne provient pas de cette relation en soi.

On retrouve donc des dysfonctionnements sexuels propres aux hommes et aux femmes. Chez les hommes, quels sont-ils ?

Chez les hommes, on retrouve deux grandes classes de dysfonctionnements sexuels. Tout d'abord, les troubles de l'érection; c'est l'impuissance dont je parlais tantôt. Dans l'impuissance, il y a absence complète d'érection ou encore une érection insuffisante à l'accomplissement d'une relation sexuelle. Dans l'autre classe se situent les problèmes d'éjaculation qui sont aussi de deux types. L'éjaculation précoce qui est l'absence du contrôle volontaire du réflexe d'éjaculation; l'éjaculation se produit avant ou immédiatement après l'intromission. L'autre condition, beaucoup plus rare, s'appelle l'absence d'éjaculation, c'est-à-dire une impossibilité d'éjaculer alors que l'érection est adéquate. Ce sont les dysfonctionnements présents chez l'homme.

Ces problèmes sont-ils assez courants dans notre société? Ont-ils tendance à augmenter ou à diminuer?

C'est une question intéressante parce que même s'il n'existe pas de chiffres précis là-dessus, on a tendance à croire que les dysfonctionnements sexuels ont augmenté chez l'homme au cours de la dernière décennie. Je pense que plusieurs raisons peuvent expliquer cela. D'une part, l'émancipation de la femme crée sûrement beaucoup d'anxiété chez certains hommes puisque la femme devient plus menaçante à leurs yeux. Cette anxiété amène chez l'homme soit une peur de l'échec, une peur de ne pas pouvoir fournir la performance souhaitée ou encore une peur d'être rejeté par la partenaire. D'autre part, la sexualité étant devenue un sujet beaucoup moins tabou au cours des dernières années, les hommes ont tendance à consulter davantage; ce qui explique peut-être pourquoi on a l'impression que le taux de dysfonctionnements s'est accru. Enfin, il faut rappeler que Masters et Johnson estiment que deux tiers de la population masculine souffrent d'un dysfonctionnement sexuel à un moment donné dans leur vie.

Ces problèmes sont sans doute liés à des causes psychologiques puisque vous avez parlé d'anxiété et de performance, mais ils pourraient se rattacher aussi à un problème culturel...

Il y a des causes psychologiques, mais il y en a d'autres aussi. Evidemment, lorsque les causes sont psychologiques, elle sont reliées la plupart du temps à l'anxiété, mais aussi à une crainte des relations sexuelles ou encore à la honte ou à la culpabilité.

L'éducation joue aussi sans doute...

Juste. Les hommes qui présentent des problèmes sexuels ont souvent été élevés dans un climat familial très strict et très moraliste. Mais il y a d'autres causes aussi: il ne faut jamais éliminer les causes organiques, comme la malnutrition, l'anémie, le diabète et certaines lésions neurologiques qui peuvent provoquer des dysfonctionnements sexuels.

Est-ce qu'on peut penser que l'alcoolisme peut être une cause?

L'alcoolisme entre dans les causes toxiques. Bien des gens ignorent que l'alcool à petites doses augmente la libido, mais qu'à fortes doses il diminue la puissance. L'alcoolisme peut donc provoquer des problèmes de dysfonctionnements sexuels. Certaines drogues peuvent aussi causer les mêmes problèmes, de même que certains médicaments comme les sédatifs.

Et si on parlait des femmes. Quels dysfonctionne-
ments retrouve-t-on chez elles ?

Chez les femmes, on retrouve trois types de dysfonctionnements sexuels. Le premier, le plus connu et le
plus fréquent, est le vaginisme. Le vaginisme est dû à
un spasme involontaire des muscles du vagin; dans
ce cas, les relations sexuelles sont toujours difficiles
et douloureuses, puisque la femme se contracte involontairement au cours des relations sexuelles. Le vaginisme survient davantage chez les femmes anxieu-
ses qui craignent les relations sexuelles. Le vaginisme peut servir à les protéger contre un comportement qui leur répugne. Cette condition est la plus
fréquente et aussi la plus facile à traiter. Un autre
type, moins connu celui-là, s'appelle le dysfonctionnement orgasmique. C'est un problème qui est plus
fréquent qu'on ne le croit. Dans ce cas, la femme
peut presque toujours ressentir les phénomènes
préorgasmiques, mais elle bloque immédiatement
avant d'atteindre l'orgasme. L'anxiété joue ici un rôle
sûrement prédominant; la femme désire obtenir l'orgasme, mais en même temps elle a peur de ne pas
l'obtenir, ce qui crée de l'anxiété qui provoque un
blocage de l'orgasme.

Mais, de toute façon, l'orgasme est une chose dont
on a très peu parlé, sans doute à cause de notre édu-
cation puritaine...

Oui, et à cause des tabous. Encore là, l'éducation
sexuelle, au cours de l'enfance, de l'adolescence en
particulier, et au début de la vie adulte, est certes très
importante. Quant au troisième type de dysfonctionnement chez les femmes, c'est la frigidité. Je pense

que ce terme est bien souvent galvaudé. Dans ce cas, il y a absence complète de sensations érotiques et d'orgasme. Contrairement au dysfonctionnement orgasmique, il n'y a jamais de sensations : aucune jouissance et aucun orgasme. Les causes de la frigidité sont la plupart du temps psychologiques et proviennent surtout d'une inhibition sexuelle, d'une hostilité envers les hommes, d'une attitude prude et moraliste à l'égard des relations sexuelles ou encore de conflits qui remontent à des problèmes avec le père durant l'enfance.

On a défini et décrit les dysfonctionnements sexuels. Existe-t-il une thérapeutique ? Vous avez dit, par exemple dans le cas du vaginisme, que c'est ce qui se traite le mieux, le plus facilement. De façon générale, puisque vous parlez beaucoup d'anxiété, on va d'abord tenter de traiter l'anxiété, j'imagine...

C'est une partie du traitement. Je rappelle que les traitements des dysfonctionnements sexuels ont été fortement améliorés depuis les travaux de Masters et Johnson qui ont évalué toute la physiologie du comportement sexuel et ont découvert des techniques beaucoup plus simples que celles qu'on utilisait dans le passé. Autant chez les hommes que chez les femmes, le traitement des dysfonctionnements sexuels repose, à peu de chose près, sur les composantes suivantes. Tout d'abord, la participation du conjoint à la thérapie est primordiale. L'éducation sexuelle est un autre point très important : beaucoup de thérapeutes n'abordent pas ce point. Lorsqu'on voit des gens qui souffrent de dysfonctionnements sexuels, on s'aperçoit rapidement que plusieurs possèdent une pauvre éducation sexuelle ou ont des notions absolument erronées face au comportement sexuel. En rapport avec l'anxiété, il y a l'apprentissage d'une technique de relaxation. Dans presque tous les traitements, on retrouve toujours l'apprentissage d'une technique de relaxation. Une autre technique développée par Masters et Johnson s'appelle « la sensibilisation sensorielle » ; en fait, ce sont des exercices pour découvrir son propre corps et celui de l'autre. Plusieurs thérapeutes sont étonnés de voir comment les gens connaissent peu leur propre corps ; s'ils ne connaissent pas leur propre corps, ils ne peuvent sûrement pas connaître le corps de l'autre. Enfin, il y a des techniques pratiques qui diffèrent selon le type de dysfonctionnement.

C'est Masters et Johnson, je crois, qui ont proposé des thérapies avec des partenaires-substituts...

Ça n'existe plus chez Masters et Johnson. Le docteur Masters m'a déjà confié, lors d'une rencontre, que cette thérapie s'était avérée utile au début. Le problème avec les partenaires-substituts, c'est de savoir pourquoi ils consentent à jouer ce rôle au départ. Tout au début, Masters avait choisi d'anciennes prostituées qui ont pu sûrement aider les patients. Par contre, il semble que certaines filles aient fait du chantage auprès de patients très connus qui avaient été traités par cette équipe.

De toute façon, ça ne réglait pas le problème d'un couple...

C'est vrai. Dans le cas de l'impuissance, par exemple, le partenaire peut être impuissant avec sa femme, mais ne pas l'être avec une autre. Or, il s'agit pour lui de décider s'il veut résoudre son problème d'impuissance avec sa femme ou changer complètement d'orientation. Je pense que l'utilisation de substituts est une situation fausse. On doit s'orienter davantage vers le traitement des couples et les aider à prendre une décision à l'égard à leur relation matrimoniale.

La psychose maniaco-dépressive

La psychose maniaco-dépressive. Ce sont des mots qui font peut-être un peu peur. Est-ce vraiment utile que des gens comme nous, des profanes, soyons bien renseignés au sujet de ce type de maladie mentale?

C'est un grand titre, mais qui dit bien ce qu'est cette maladie. On rencontre le mot psychose, donc différent de névrose, et maniaco-dépressive parce que cette maladie se présente sous trois formes: une forme maniaque où l'euphorie prédomine, une forme dépressive où la dépression est très marquée, ou encore une forme circulaire où le malade passe de la phase maniaque à la phase dépressive. Alors, même s'il est long, ce terme exprime bien ce qu'est la psychose maniaco-dépressive. Cette entité fait partie des psychoses qui sont les maladies mentales les plus sévères, caractérisées par des troubles de l'humeur et des pertes du contact avec la réalité. On retrouve donc du délire et des hallucinations. La psychose maniaco-dépressive est donc une forme de psychose, l'autre étant la schizophrénie.

Rencontre-t-on davantage cette maladie chez les femmes que chez les hommes?

On ne sait pas très bien pourquoi, mais l'incidence est plus élevée chez les femmes que chez les hommes. La psychose maniaco-dépressive serait due, ce n'est pas tout à fait prouvé encore, à des facteurs biochimiques, physiologiques ou génétiques. Donc, cette maladie mentale pourrait avoir des causes physiques.

Mais est-ce que cela expliquerait qu'il y en ait davantage chez les femmes que chez les hommes?

Cette tendance chez les femmes pourrait éventuellement s'expliquer en fonction des facteurs physiologiques et biochimiques qui sont mis en cause dans cette maladie.

Si on reprenait ce qu'est la psychose maniaco-dépressive, dans sa première forme, c'est-à-dire la forme maniaque...

La manie, c'est l'antipode de la dépression. Autant dans la dépression on est au ralenti, autant dans la manie on est surexcité. Le problème de la manie, c'est que tout se passe trop rapidement. C'est pourquoi on retrouve d'abord une euphorie, mais une euphorie démesurée; c'est une gaieté extraordinaire. Cependant, cette gaieté amène une absence de raisonnement, de logique et de jugement. Le malade présente aussi ce qu'on appelle de la logorrhée, c'est-à-dire qu'il a un flux de paroles très rapides mais malheureusement bien souvent incompréhensibles. Il a tellement de choses à dire que son discours devient confus. Il fait des calembours, des jeux de mots dont il est d'ailleurs parfois le seul à comprendre le sens, et il n'a aucune pensée structurée. De plus, le malade présente bien souvent un délire de grandeur. C'est dans cette maladie que l'on retrouve des gens qui se disent millionnaires, qui vont se mettre à dépenser sans bon sens. Enfin, le sujet a une activité motrice au-delà des limites normales. D'une hyperactivité extraordinaire, il veut entreprendre plusieurs projets grandioses à la fois, n'a pas besoin de dormir parce qu'il est trop occupé et n'a même pas le temps de manger. On peut s'imaginer toute la fatigue que cela peut créer.

Et l'autre forme, ce serait la forme dépressive ?

Les malades qui souffrent de psychose maniaco-dépressive vont présenter l'une ou l'autre forme ou aller d'une forme à l'autre. La forme dépressive est identique à la dépression psychotique. En résumé, c'est le type de dépression très grave et surtout caractérisée par une humeur profondément triste, une pensée extrêmement ralentie et un ralentissement psychomoteur très important. Le malade est littéralement grabataire et se laisse mourir, quand il n'établit pas des stratégies dans le but de se suicider. D'ailleurs, dans la psychose maniaco-dépressive, forme dépressive, on rapporte qu'il y aurait de un à cinq pour cent de suicides résultant du désespoir et du pessimisme de ces malades. En passant, la forme maniaque survient plus fréquemment entre vingt et trente-cinq ans, alors que la forme dépressive est plus fréquente entre trente-cinq et cinquante ans.

Voulez-vous dire qu'après cinquante ans, les gens sont moins touchés par cette maladie ?

C'est une maladie qui caractérise surtout le jeune âge, qui commence au début de la vie adulte, mais qui peut se présenter plus tard. Les gens de plus de quarante ans sont presque exempts de cette maladie.

Est-ce qu'on peut souffrir de psychose maniaco-dé-

pressive, dans une de ses formes, pendant un certain temps, bénéficier d'une longue période de rémission, puis faire une rechute ?

En effet, plusieurs malades ont des rechutes parfois après plusieurs années de fonctionnement normal. Entre les rechutes, ces malades sont tout à fait bien, tout à fait normaux, et n'ont absolument aucune détérioration mentale. C'est un épisode aigu qui survient à un moment précis, mais entre les épisodes, le malade peut reprendre ses activités sans aucun problème.

Comment traite-t-on ces malades ?

Au point de vue traitement, en phase aiguë, l'hospitalisation est nécessaire dans tous les cas. A venir jusqu'à récemment, on donnait parfois des électrochocs pour ralentir le malade pendant un certain temps et des tranquillisants à très fortes doses. Les tranquillisants sont encore indiqués dans la phase aiguë. Cependant, depuis ces dernières années, le carbonate de lithium a vraiment changé le cours de cette maladie. Le carbonate de lithium guérit non seulement les épisodes maniaques, mais il semble empêcher les épisodes dépressifs qui peuvent s'ensuivre. Donc, non seulement il guérit les épisodes maniaques, mais il prévient les rechutes. Les malades eux-mêmes rapportent des effets miraculeux. Un malade disait qu'il ne s'était jamais senti aussi bien de sa vie. Par contre, il faut dire que ce médicament doit être administré avec circonspection parce qu'il possède des effets secondaires marqués, la dose thérapeutique étant très proche de la dose toxique. Le dosage régulier du lithium dans le sang permet de ne pas arriver à un dosage toxique qui peut être dangereux pour le malade.

Est-ce que le pronostic est quand même bon ?

Le pronostic est bon car, entre les épisodes, les malades sont bien. Par contre, ils sont toujours sujets à des rechutes. C'est une maladie faite de rémissions et de rechutes qui peuvent être plus ou moins longues.

Les schizophrénies

Nous en venons maintenant à la schizophrénie. C'est un mot qu'on utilise peut-être à tort et à travers...

C'est un mot qui est souvent mal utilisé. Certaines personnes parlent de dépression, alors qu'en fait il s'agit de schizophrénie.

Est-ce que c'est fréquent?

La schizophrénie représente vingt-cinq pour cent des admissions dans les hôpitaux psychiatriques, donc le quart de toutes les admissions. C'est une maladie qu'on retrouve autant chez la femme que chez l'homme. Nous parlerons des schizophrénies parce qu'il en existe différents types. Ce sont sûrement les maladies mentales les plus sévères.

En connaît-on les causes?

Malheureusement, il n'y a aucun consensus sur les causes de la schizophrénie. Il existe deux écoles. L'école organique où les recherches portent surtout sur les facteurs génétiques, biochimiques, endocriniens et neurologiques et l'école psychologique qui dénote des facteurs surtout psychosociaux et met davantage l'accent sur les conflits intrapsychiques, les problèmes dans la relation mère-enfant et les interactions pathologiques de la famille. Personnellement, je crois que la schizophrénie est probablement un mélange des deux conditions. D'ici une dizaine d'années, la schizophrénie deviendra probablement une maladie physique.

Si on parlait des principaux symptômes...

On peut résumer les principaux symptômes en parlant des quatre A. Le premier A représente les problèmes d'association. La pensée est bizarre et illogique et il y a souvent présence d'un délire, c'est-à-dire de fausses croyances dont le malade est convaincu. Le malade peut croire que la police le traque et s'il voit passer une voiture de police, il pense que les policiers viennent pour l'arrêter. C'est une mauvaise association. On retrouve aussi des hallucinations, c'est-à-dire que le malade entend des voix qui lui disent des choses désagréables. Ces voix peuvent lui dire qu'il n'est pas bon ou qu'on va le tuer. Cela explique que parfois ces malades peuvent être dangereux. Ils se sentent menacés et se défendent contre les présumés agresseurs.

Donc, vous avez dit problème d'association. Et le deuxième?

Le deuxième, c'est le problème d'affect. Le schizophrène présente un affect plat, c'est-à-dire qu'il vous raconte ses problèmes mais il semble très détaché, neutre, terne, comme s'il n'avait ni sentiment ni émotion.

Il n'y a pas de problème de communication?

Oui, il y en a à cause de l'autisme, le troisième A; l'autisme est un repli important sur soi et un détachement de la réalité extérieure. Le malade peut se replier complètement sur lui-même au point de ne pas parler du tout. Enfin, le quatrième A, c'est l'ambivalence où le malade est pris entre l'amour et la haine. Il peut passer très rapidement d'un état à l'autre, ce qui explique qu'il peut être très violent par moments parce que les gestes sont posés sans réflexion ni considération pour la personne.

Et dans les symptômes secondaires, je vous parlais de la communication. Les mots sont clairs, mais les phrases, bien sûr, le sont moins...

En général, surtout en phase aiguë, on peut retrouver une incohérence du langage qui peut aller jusqu'au mutisme complet. Le malade peut prononcer un bout de phrase qui se tient et, soudainement, se mettre à raconter des choses que vous ne comprenez pas. Pour vous donner un exemple, je connais un malade qui vient souvent me voir et me raconte à chaque fois que « c'est demain que vient le bloc ». Quand je lui demande ce qu'est le bloc, il m'explique toute une théorie que je ne comprends absolument pas.

Au niveau du comportement...

A ce niveau, on peut retrouver parfois du maniérisme sous forme de tics; certains malades vont prendre une position et rester figés dans cette position pendant des heures. On peut retrouver aussi du négativisme où le malade ne bougera absolument pas. Il aura des gestes stéréotypés qu'il répétera sans cesse.

Existe-t-il différents types de schizophrénies ?

Il en existe trois types. Disons très rapidement qu'il y

a la forme catatonique, la forme hébéphrénique et la forme paranoïde. Dans la forme catatonique, on trouve l'état agité où le malade présente une agitation extrême et l'état figé où le malade est d'un mutisme complet, paralysé, figé sur place. On a l'impression qu'il n'entend rien, qu'il ne voit rien. Ce type de schizophrénie est assez rare. Une forme qui l'est davantage, c'est la forme hébéphrénique, retrouvée surtout chez de jeunes patients qui ont l'air d'espèces de bouffons. Le malade ne semble pas très malheureux; il apparaît un peu comme un débile, mais ce n'est pas de la débilité car ces malades sont souvent intelligents. Enfin, la forme la plus fréquente et la plus douloureuse est la forme paranoïde où le malade a un délire de persécution très marqué et présente des hallucinations auditives très désagréables.

Qu'existe-t-il présentement en fait de traitements pour ces patients ?

Il est évident qu'en phase aiguë, l'hospitalisation est requise. On ne peut rien faire en clinique externe à ce moment. La médication antipsychotique aide beaucoup, en phase aiguë surtout. Si le malade est très agité, le médecin donnera un type de médicament pour diminuer l'agitation et un autre type de médication servira à agir plus directement contre le délire et les hallucinations. Malheureusement, la médication antipsychotique donne des effets secondaires désagréables au niveau du système nerveux central. C'est pourquoi, lorsqu'ils se sentent un peu mieux, les malades délaissent leur médication, et l'on assiste malheureusement bien souvent à des rechutes. Il y a enfin des psychothérapies individuelles ou de groupe, mais ici il est toujours question de traitements à long terme.

Quels sont le pronostic, les possibilités, l'avenir pour ces malades?

Je vous dirais que, plus le début d'une attaque de schizophrénie est aigu et intense, meilleures sont les chances de s'en sortir. Donc, un début aigu, comparativement à un début insidieux, est un meilleur pronostic. De plus, plus le début de la maladie survient à un jeune âge, moins bon est le pronostic. Plusieurs schizophrènes bénéficient de rémissions de leurs symptômes après la première attaque. La plupart de ces malades pourront retourner dans leur famille et même reprendre leur emploi. Par la suite, le pronostic dépend autant de la qualité que de la continuation du traitement, du stress que subit le patient et de la sévérité de la maladie. Je dirais que, présentement, la schizophrénie demeure une maladie faite d'attaques aiguës et de périodes d'amélioration. Je ne dis pas périodes de rémission, mais d'amélioration. En pratique, il est fréquent de voir le malade décompenser pendant deux à trois semaines et jouir d'une rémission quasi totale de ses symptômes pendant deux ans ou plus avant de faire une nouvelle rechute.

Si le stress affecte beaucoup ces malades, la société dans laquelle on vit ne doit pas alors les aider...

En effet, à mesure que la maladie évolue, le stress doit être moins marqué pour ces malades.

Mais la schizophrénie, selon vous, ce n'est pas une

maladie sociale, une maladie qui s'accentue avec l'é-poque ?

C'est un bon point. Les antipsychiatres ont rapporté que les psychiatres faisaient des diagnostics, alors qu'en fait c'était la société qu'il fallait changer. Pour eux, la schizophrénie est une étiquette qu'on met à des gens dont les comportements ne sont pas conformes à ceux acceptés par la société. C'est bien beau ; par contre, les centres d'antipsychiatrie n'ont pas été un grand succès. De plus, même si la société doit changer, le malade ne se sent pas bien lorsqu'il consulte. Il faut donc s'occuper de lui ; si on attend de changer la société, le schizophrène pendant ce temps continuera à souffrir. Par contre, je dois dire que l'antipsychiatrie a fait que beaucoup de psychiatres se sont remis en cause, ce qui ne nuit jamais.

La psychopathie

On parle beaucoup de psychopathie. C'est un terme que tous les gens utilisent d'une façon plus ou moins normale; c'est un terme pas mal galvaudé...

En fait, c'est un terme qui porte à confusion parce que psychopathie veut dire deux choses. Ça peut vouloir dire une maladie mentale, une psychopathie, mais dans le sens qu'on l'entend ici, la psychopathie décrit le psychopathe, c'est-à-dire l'antisocial. Le psychopathe, c'est un être asocial et sa personnalité lui crée beaucoup de conflits avec la société. C'est un homme qui n'a aucune loyauté envers les autres, est fondamentalement égoïste, irresponsable et impulsif, est totalement incapable de ressentir la culpabilité et d'apprendre par l'expérience et la punition. Son seuil de tolérance étant bas, il devient facilement agressif ou il tend à blâmer les autres ou à rationaliser son comportement.

Quand les premières manifestations de la psychopathie se produisent-elles?

Toujours au début de l'adolescence, dès que l'homme a des contacts sociaux et qu'il se fait des amis. L'étudiant commence à faire l'école buissonnière et des fugues, à commettre de petits vols; il est incorrigible, colérique et menteur.

Alors, quelles en sont les grandes caractéristiques?

Comme on peut le voir par cette description, le psychopathe a trois grandes caractéristiques. La première, c'est qu'il est incapable de remettre à plus tard un plaisir ou une gratification. Il faut qu'il ait tout, tout de suite. La seconde, c'est qu'il est incapable de maintenir une relation étroite avec une autre personne puisque tout est orienté vers lui, d'abord et avant tout. C'est un égoïste. Et la troisième, c'est qu'il ne ressent aucune culpabilité ni aucune anxiété en rapport avec ses comportements antisociaux. Pour lui, voler, c'est normal, l'escroquerie n'est pas un problème. Ce sont les trois grandes caractéristiques. Pour toutes ces raisons, les psychopathes ont toujours une pauvre histoire au point de vue conjugal et au point de vue travail; ils ont de nombreux démêlés avec la justice, dépendent toujours des autres et se font vivre par tout le monde. Ils sont sujets à la promiscuité sexuelle à cause de leur besoin de plaisir ou de gratification immédiate et s'adonnent à l'alcoolisme ou à la toxicomanie. Ces individus ne sont pas stupides, mais ils ne semblent pas avoir appris les règles de la société. Ils peuvent être même très intelligents et ont beaucoup de charme, mais ils pratiquent la ruse, l'escroquerie ou l'astuce pour obtenir immédiatement ce qu'ils veulent. Le psychopathe est l'escroc, le manipulateur par excellence.

La psychopathie a des causes. Quelles sont-elles?

Il existe plusieurs théories quant aux causes de la psychopathie, mais il n'y a aucun consensus à ce sujet. Certains chercheurs rapportent qu'il y aurait des problèmes génétiques dans le développement de ce type de personnalité et d'autres disent qu'une déprivation socio-économique sévère dans l'enfance serait un facteur important. Au point de vue physiologique, certaines études démontrent que les psychopathes présentent des anormalités à l'électro-encéphalogramme, c'est-à-dire une activité électrique anormale au niveau du cerveau. D'autres croient que les psychopathes ont une conscience défectueuse et qu'ils recherchent inconsciemment une punition pour leurs actions. Les behavioristes, de leur côté, croient qu'ils n'ont jamais eu l'occasion d'apprendre le système des valeurs de la société parce qu'ils n'ont pas eu de modèles d'identification acceptables. Je pense que c'est une théorie valable. Enfin, certains théoriciens prétendent que ces comportements peuvent être enseignés aux enfants dès leur bas âge, de façon consciente ou inconsciente. Par exemple, le père qui ment intentionnellement trompe son fils sur certaines obligations sociales; nécessairement, ce père enseigne à son enfant que les règles de la société sont pour les autres et qu'on peut donc mentir, tromper ou voler sans ressentir aucune culpabilité.

Est-ce que ça se soigne ?

Malheureusement, les psychopathes ne demandent pas d'aide psychiatrique. Ils ne se rendent même pas compte qu'ils sont malades. Souvent, les psychiatres ne les voient uniquement que lorsqu'ils se sont fait arrêter par la police. Quant aux traitements, ils sont peu efficaces. Le psychopathe étant un escroc et un manipulateur par excellence, il manipule le thérapeute, l'hôpital et tout l'environnement. Cela suppose donc que les traitements doivent se faire en milieu fermé.

Alors, si les traitements sont peu efficaces, le pronostic doit être nécessairement assez sombre ?

En général oui. Mais ce qui est étonnant, c'est que la vie active du psychopathe se manifeste surtout lorsqu'il est dans la vingtaine et la trentaine. Après quarante ans, sans aucune raison apparente, le comportement antisocial diminue de beaucoup et le sujet peut même prendre des responsabilités et avoir plus de maturité. Il semble alors que ces personnes puissent apprendre à se comporter adéquatement, mais en prenant beaucoup plus de temps que la moyenne des gens puisque c'est en vieillissant que leur comportement s'améliore.

Vous avez dit que ça commençait à l'adolescence, c'est-à-dire que dans l'enfance on peut déjà déceler un psychopathe en puissance...

C'est un peu ça.

Est-ce que les parents peuvent faire quelque chose ?

Il est important que les parents ne montrent pas à leurs enfants à mentir ou à tromper et qu'ils leur enseignent à respecter les normes.

Vous venez de dire que les traitements ne servaient pas à grand-chose. Comment le psychopathe réagit-il à cette affirmation ?

Le problème du psychopathe c'est qu'il est incapable de faire son autocritique. Donc, il est sûr qu'aucun d'eux ne se reconnaîtra...

Cela veut dire que ce sont des égoïstes qui passent leur temps à se regarder le nombril...

Et à faire en sorte que tout leur rapporte le plus possible. J'ai connu un psychopathe qui s'était rendu à Chicago et était entré dans une maison magnifique alors que le propriétaire était absent. Il avait réussi à vendre la maison en faisant croire que c'était la sienne et à extirper une bonne somme d'argent à un riche industriel qui en avait vu pourtant bien d'autres. Comme vous pouvez le croire, il s'était aussitôt envolé sans laisser son adresse.

L'anorexie nerveuse

Qu'est-ce que l'anorexie nerveuse ?

C'est un refus de manger par crainte de grossir. C'est très caricatural, mais c'est ce que j'appelle le syndrome de Twiggy.

C'est une maladie qui touche les femmes et les hommes ?

C'est étonnant, mais c'est une maladie propre aux femmes et surtout aux femmes de classe socio-économique moyenne ou haute. Très peu d'hommes sont en effet touchés par cette pathologie.

Quel âge ont ces femmes ?

Entre seize et vingt-trois ans. Les problèmes débutent à l'adolescence et se manifestent surtout entre ces âges.

Qu'est-ce qui se passe alors ?

Voyons peut-être les symptômes à travers l'histoire d'une malade. Il s'agit d'une femme de vingt ans qui devient soudainement préoccupée par son apparence physique. Elle n'est pas particulièrement obèse, mais elle se trouve obèse. Cette jeune femme doit, à cette époque de sa vie, faire face à des responsabilités d'adulte, à des initiatives sexuelles et à une plus grande indépendance de sa famille. Elle pèse à peu près cinquante-quatre kilos et se met soudainement à une diète très sévère. Malgré sa carence en alimentation, elle continue néanmoins à mener une vie très active, soit au niveau de son travail où elle fait preuve d'une énergie débordante, soit dans les sports qu'elle pratique pour se tenir en forme. Elle continue toujours à maigrir et ses habitudes alimentaires deviennent complètement désorganisées ; elle ne mange presque pas, fume beaucoup et, en plus, trouve des trucs pour l'aider à maigrir davantage ; par exemple, elle cache ou jette des aliments, se fait vomir, se donne des lavements, etc. Sa principale préoccupation est de maigrir. Après quelques mois, elle a perdu de vingt à vingt-sept kilos. Elle pèse alors entre vingt-trois et trente-quatre kilos. Malgré sa maigreur, elle continue quand même ce régime drastique parce qu'elle se croit encore grosse. Il y a même eu des cas où des femmes pesaient entre dix-huit et vingt-trois kilos et mesuraient un mètre vingt. Fait intéressant, on rencontre chez certaines de ces malades un problème de vol à l'étalage, mais elles ne volent que des aliments. Cela est paradoxal, car elles ne veulent pas manger mais volent des aliments. Une fois qu'elles ont mangé ces aliments, elles se sentent coupables, s'imaginent qu'elles grossiront et se font vomir pour éliminer la nourriture.

Cela doit poser des problèmes physiques importants ?

Oui, car après quelque temps on est en présence d'un cadavre ambulant. On remarque des déficiences à tous les niveaux : atrophie des seins, absence de menstruations, changement physiologique, anémie, coloration bleutée de la peau, peau sèche et rugueuse et yeux sortis des orbites. Malgré tout, ces malades réussissent à avoir une activité relativement normale.

J'ai l'impression que cette maladie n'est pas très connue ici...

C'est vrai, on ne pose pas souvent ce diagnostic. En Amérique, on établit plutôt un diagnostic d'hystérie, mais il faudrait poser un diagnostic d'anorexie mentale puisque, au niveau du traitement, on ne traite pas ces femmes-là de la même façon que les hystériques.

En Europe, il y a eu à une certaine époque beaucoup de jeunes filles qui devenaient squelettiques; on disait alors qu'elles étaient tuberculeuses. Souvent d'ailleurs, les poumons étaient atteints...

Au fond, cette cachexie se fait sentir au point de vue physique; à cette époque, on s'attachait probablement davantage à l'aspect physique et on regardait moins l'aspect psychologique rattaché à cette condition.

Est-ce qu'on peut expliquer l'origine ou les causes de cette maladie?

Il y a plusieurs hypothèses. Selon l'une d'elles, des problèmes génétiques seraient à l'origine de cette maladie car on a retrouvé les mêmes problèmes chez des jumeaux identiques. Evidemment, on peut pousser le raisonnement plus loin et dire que les jumeaux viennent des mêmes parents, donc peut-être ont-ils pris les mêmes habitudes alimentaires.

Les parents étaient peut-être obèses?

Certains parents sont obèses. J'ai connu une jeune femme qui avait ce problème. Sa mère et son père étaient obèses et souffraient de diabète et de troubles cardiaques dus à leur obésité. On aurait dit que c'était à cause de cette crainte de devenir comme ses parents que la jeune femme s'était mise à jeûner de façon si intensive. On voit souvent des cas venant de familles où les parents sont très préoccupés par l'apparence physique, l'alimentation et l'obésité. En ce qui a trait à la personnalité de ces jeunes femmes, ce sont habituellement des jeunes filles qui ont l'air très dynamiques, mais qui sont souvent timides, très soignées, très réservées et mal informées ou craintives au point de vue sexuel. Elles sont naïves et manquent d'initiative alors qu'elles donnent l'impression d'en avoir beaucoup.

J'ai l'impression qu'elles ont beaucoup de volonté, car il en faut certainement pour arrêter totalement de manger...

Je crois que c'est surtout par crainte ou par peur de prendre du poids. Leur comportement n'est pas volontaire comme quelqu'un qui se met au régime pour perdre quelques kilos. Certaines malades, devenues littéralement squelettiques, aiment se regarder dans le miroir et se demandent encore si elles sont trop grosses. Cela devient une espèce de distorsion de sa propre perception.

Est-ce qu'il y a un traitement ou des traitements ?

Je dirais qu'il y a des traitements. Contrairement aux autres pathologies dont on a parlé, le traitement se divise ici en deux parties. Il faut d'abord un traitement physique. Lorsque ces malades sont vues, il y a une urgence médicale. Elles sont littéralement en train de mourir de malnutrition. Il faut d'abord et avant tout les faire manger. Dans certains cas, on est obligé de faire une intubation pour les faire manger. D'ailleurs, il y en a qui meurent: trois à sept pour cent de ces malades décèdent de malnutrition. Donc, il faut corriger l'anémie et les troubles physiologiques inhérents à ce problème. Quant au traitement psychologique, l'approche éclectique est la plus efficace. On peut penser aux médicaments, à cause de l'anxiété ou des éléments dépressifs secondaires, à la psychothérapie et aux techniques de thérapie comportementale pour les forcer à manger. Heureusement, comme c'est une maladie des jeunes femmes, on peut dire que les deux tiers d'entres elles vont s'améliorer en suivant un traitement. Je ne dis pas nécessairement guérir, mais au moins s'améliorer. Malheureusement, cet état va demeurer inchangé chez le dernier tiers: ces femmes demeureront cachexiques pendant toute leur vie et même mourir de leur malnutrition.

Vous avez dit que c'était une maladie des femmes, mais actuellement les hommes se préoccupent beaucoup plus d'eux-mêmes qu'autrefois. Ils font attention, ils se font maigrir. L'anorexie nerveuse n'existe pas encore chez les jeunes hommes?

Non. On n'en a pas encore relevé de cas. Néanmoins, à cause des changements qui s'établissent chez les hommes, il est possible que, dans une dizaine d'années, on puisse rencontrer des hommes atteints d'anorexie nerveuse.

Les
techniques
thérapeutiques

L'intention paradoxale

Dans le domaine de la psychiatrie, vous nous avez parlé jusqu'ici des divers types de personnalités et des maladies mentales. Vous abordez donc maintenant certaines techniques thérapeutiques qu'on peut soi-même utiliser...

Je pense qu'il est logique d'expliquer maintenant aux gens certaines techniques leur permettant de s'aider eux-mêmes face à certains problèmes bien précis. Nous parlerons d'une technique à la fois et nous aborderons des méthodes thérapeutiques peu connues du public en général, mais pratiques et efficaces.

On débute avec l'intention paradoxale...

Je dois vous dire que c'est une technique qui a été inventée par Victor Frankl, un psychanalyste maintenant âgé de quatre-vingt-cinq ans et demeurant à Vienne. Il est le dernier élève vivant de Freud. Frankl a découvert cette technique de l'intention paradoxale au cours de son séjour dans les camps de concentration. C'est un juif autrichien dont la femme et les trois enfants ont été tués par les Allemands. Frankl a décrit en détail sa vie dans les camps de concentration dans un livre qui s'intitule: *Man's search for meaning.* C'est un best-seller sans cesse réédité depuis 1946. Comment en est-il venu à découvrir cette technique de l'intention paradoxale? En bref, dans les camps de concentration, alors qu'il était devenu conscient de sa maigreur et de ses maladies et qu'il voyait les autres mourir autour de lui, il a découvert que le seul moyen de s'en sortir était peut-être de rire de son apparence et de ses problèmes de prisonnier.

Il était psychanalyste à ce moment-là ?

C'est ça. Dans son livre, il décrit d'ailleurs plusieurs situations très dramatiques où il avait ri de lui-même.

Est-ce qu'on peut parler d'humour ?

Oui, effectivement, mais dans l'intention paradoxale on arrive à rire de soi jusqu'au ridicule. Tout le système de Frankl est basé sur deux principes. Le premier, c'est d'être moins égocentrique et de se donner davantage aux autres. Dans les camps de prisonniers Frankl s'occupait beaucoup des autres détenus ; pendant qu'il s'occupait des autres, il n'avait pas le temps de penser à ses propres soucis. Le second principe, c'est de parler de ses symptômes mais en les exagérant au point qu'ils deviennent ridicules ; c'est l'intention paradoxale.

Ce seraient les principes de base de l'intention paradoxale...

Oui. Il décrit aussi deux autres principes. D'une part, selon le principe physiologique, il est impossible de modifier ses fonctions physiologiques. Par exemple, si je vous demande d'augmenter votre rythme cardiaque, vous en serez incapable. D'autre part, selon le principe anthropologique, l'homme est en fait le seul animal à pouvoir rire de lui-même.

Mais est-ce que ça ne prend pas la force de caractère de M. Frankl pour faire tout cela?

Je pense que tout le monde peut faire cela. Au fond, l'intention paradoxale, c'est la prescription du symptôme. Ainsi, si une personne a la phobie des crises cardiaques, Frankl dira: «Ecoutez, vous ne pouvez pas décider vous-même de faire une crise cardiaque. Donc, ce qu'on va faire, on va s'asseoir ensemble et vous allez vous exercer à faire des crises cardiaques.» En soi, tout cela est déjà ridicule.

Cela ne revient-il pas à l'ancienne théorie selon laquelle il fallait jeter les enfants à l'eau pour leur apprendre à nager? Plusieurs de ces enfants ont alors développé une phobie de l'eau qui a persisté même lorsqu'ils sont devenus adultes...

Je vous dirais que ça ressemble beaucoup plus à une technique dont nous parlerons plus tard. D'abord, jeter un enfant à l'eau, ce n'est pas ridicule, même si c'est effectivement la prescription du symptôme. De plus, la noyade n'est pas impossible. Dans la phobie des crises cardiaques, ce n'est pas parce qu'on demande à quelqu'un de faire une crise cardiaque qu'il peut en faire une.

Est-ce que ça doit se faire avec l'aide d'un thérapeute?

Oui, selon les indications. Pour donner un exemple du paradoxe, Frankl raconte cette histoire: c'est un petit garçon à Vienne qui s'en va à l'école par un matin d'hiver. Mais le pavé est si glissant qu'à chaque fois qu'il avance d'un pas il recule de deux. Comme il arrive en retard à l'école, l'institutrice lui en demande la raison; l'écolier répond: «C'était tellement glissant et le vent était tellement fort qu'à chaque fois que j'avançais d'un pas, je reculais de deux.» L'institutrice lui demande alors: «Comment as-tu pu te rendre à l'école?» L'enfant répond: «C'est très simple, j'ai voulu retourner à la maison.» Cet exemple montre bien le paradoxe. Dans une expérience faite à Montréal avec des malades obsessionnels, l'intention paradoxale a été utilisée chez ceux qui avaient des ruminations et pensaient devenir fous. L'intention paradoxale consista à leur décrire ce qui suit: «Vous pensez que vous allez devenir fou. Vous êtes dans la rue, vous devenez tellement ridicule qu'un attroupement se forme autour de vous et tout le monde vous trouve excessivement stupide; la police intervient et on vous enferme à l'asile pendant vingt ans.»

Si on en revenait aux exemples; vous parliez des ruminations obsessionnelles. Vous disiez que l'on pouvait utiliser cette technique dans les cas de phobies, comme par exemple chez les gens qui ont peur des espaces trop vastes ou des espaces trop fermés...

Chez les gens qui ont peur de perdre connaissance dans les espaces trop vastes ou trop fermés, l'intention paradoxale vise à amener la personne à se dire: «J'irai là où j'ai peur, et si j'ai des étourdissements ou des chaleurs, il faut que je devienne le plus étourdi possible et que j'aie le plus de chaleurs possible; si j'ai à perdre connaissance, je vais perdre connaissance ici, tout le monde va s'attrouper, l'ambulance va venir et on va m'amener à l'hôpital. Rendu à l'hôpital, on va s'apercevoir que je n'ai absolument rien et on me trouvera absolument stupide de m'écraser comme ça devant le monde.» Un autre exemple de l'intention paradoxale se retouve dans le cas d'impuissance sexuelle chez l'homme. Selon Frankl, l'homme est impuissant parce qu'il veut être puissant. Ce n'est que lorsqu'il aura accepté son impuissance qu'il deviendra puissant.

C'est en arriver à souhaiter que tout le monde ne tourne pas autour de soi, c'est un peu ça?

Effectivement. En devenant ridicules, les symptômes perdent de leur force.

Il faut donc que le malade parvienne à se trouver ridicule...

Voilà. Un autre bon exemple de l'intention paradoxale se trouve chez les gens qui rougissent en public. Les gens qui rougissent en public ne veulent pas rougir; or, plus ils ne veulent pas rougir, plus ils rougissent. L'intention paradoxale consiste à leur dire: «A partir de maintenant, vous allez désirer rougir le plus possible en public.» C'est très anxiogène pour plusieurs personnes, vous savez, et il y a des gens qui coupent leurs contacts sociaux à cause de cela. Dans une étude qui a été faite chez ces sujets, on les faisait pratiquer devant un miroir à rougir le plus possible; plus ils essayaient de rougir, plus ils s'apercevaient que cela leur était impossible.

L'arrêt des pensées

Il faut se débarrasser de ses idées fixes. Mais il y a une façon de s'en débarrasser. Tout d'abord qu'est-ce qu'une idée fixe ?

Une idée fixe est ce qu'on appelle une rumination dans notre jargon. C'est une idée qui revient tant et plus dans notre esprit, sans qu'on la désire ; on ne peut s'en débarrasser et, malheureusement bien souvent, le sujet de cette idée fixe est négatif ou désagréable.

Vous venez de parler de rumination, je ne comprends pas dans quel sens. Rumination, bien sûr, c'est l'idée fixe...

Prenons un exemple très simple et qui ne démontre pas un comportement maladif. Il doit sûrement arriver qu'une chanson vous revienne sans relâche à l'esprit. Avez-vous trouvé un moyen de vous en débarrasser ?

Peut-être qu'à un certain moment je me dis : « Bon, c'est assez »...

Au fond, sans le savoir, vous appliquez une technique qu'on appelle l'arrêt des pensées. En effet, lorsqu'on a une idée fixe et qu'on veut s'en débarrasser, il faut vraiment se fâcher et se dire que « c'est assez ». Le principe de l'arrêt des pensées, c'est d'accepter d'avoir des idées fixes, mais de se fâcher pour les faire disparaître en disant : « C'est assez.»

Il faut dire : « C'est assez »...

Au début, il faut le dire fort. Ça ne fait pas très bien dans les salons, je suis tout à fait d'accord avec vous, mais à la longue, une fois qu'on possède bien la technique, on le dit à voix basse.

Je pense au tabagisme ; c'est une idée fixe ?

Oui. D'ailleurs, nous avons fait une étude sur ce sujet. Quand vous avez décidé d'arrêter de fumer, ce qui est difficile ce n'est pas d'arrêter mais bien de continuer à ne pas fumer. En ne fumant plus, vous commencez à avoir des pensées qui vous donnent le goût de fumer. Vous venez de terminer un repas avec des amis et vous vous dites : « Eh, ce que ce serait bon une cigarette. Lui fume, ça sent bon ; j'aimerais en prendre une. Est-ce que je me lève pour en demander ; est-ce que je vais m'en acheter, etc. ? » Ces pensées font croître l'anxiété et, à un moment donné, l'idée fixe devient assez forte pour que les gens recommencent à fumer. Alors, nous avons fait une expérience où l'on a enseigné la technique de l'arrêt des pensées à des fumeurs pour éliminer ces idées fixes sur la cigarette.

Mais ce n'est pas une question de volonté ?

Ce n'est pas une question de volonté parce que les ruminations arrivent contre la volonté de la personne. Par contre, il faut avoir de la volonté pour pratiquer cette technique. Il faut être assez discipliné, car si on ne pratique pas l'arrêt des pensées, il est évident qu'on n'aura pas de résultat.

Ça va pour le tabagisme, donc ça peut aller pour l'al-

cool et pour le régime amaigrissant. Ça peut aller pour tout...

Effectivement. Je dirais que pour l'alcool et pour les régimes amaigrissants, ce n'est peut-être pas suffisant. Pour l'alcoolique, par exemple, il faut s'occuper du couple et de la famille. Je connais quand même des alcooliques qui utilisent cette technique pour s'empêcher de boire à chaque fois qu'ils ont une pensée qui les pousse à prendre un verre.

Alors cette technique, que vous avez fait pratiquer à des gens, a-t-elle vraiment donné de bons résultats?

Au point de vue des résultats, je dois vous dire qu'ils varient selon les cas. Le point fondamental, c'est de pratiquer la technique de l'arrêt des pensées; plus vous pratiquez, meilleur vous serez. Un autre point qui est excessivement important, c'est la motivation. En fait, c'est une technique stupide, vous allez me dire, mais si vous êtes vraiment dérangé par vos idées fixes, vous voudrez les éliminer; vous serez donc motivé, vous pratiquerez davantage la technique et vous obtiendrez de meilleurs résultats.

Pourriez-vous me donner un exemple précis?

Un psychiatre que je connais a vu une bonne dame de soixante ans, très religieuse, qui avait des idées fixes, des ruminations à contenu sexuel. Elle était très déprimée à cause de cela. Lorsqu'elle a vu le médecin, il lui a dit: « A partir de maintenant, vous aurez le droit d'avoir vos idées fixes, mais je vais vous montrer comment les arrêter. Fermez les yeux, pensez à votre idée et, lorsque vous l'aurez, vous lèverez l'index droit.» Quand la malade leva le doigt, le psychiatre lui cria: «C'est assez.» Il lui demanda alors comment elle allait. La bonne dame se mit à pleurer et lui répondit: «Je pleure de joie parce que, de façon miraculeuse, c'est parti.» Elle continua à pratiquer avec succès la technique par elle-même à voix forte, mais elle n'a jamais réussi à dire «c'est assez» à voix basse. Plus tard, lorsqu'elle a été vue avec son mari, celui-ci rapporta: «Je suis bien content parce qu'elle n'est plus du tout déprimée, elle fonctionne très bien, elle peut arrêter ses pensées; le seul problème, c'est que je l'entends crier «c'est assez» deux ou trois fois par jour!»

Il y a aussi les déviations sexuelles qui deviennent des idées fixes...

Tout comportement commence par une idée ou une pensée. Le déviant sexuel a d'abord une pensée déviante qui revient tant et plus dans sa tête et qui devient tellement forte qu'elle le pousse à commettre des actes susceptibles de diminuer l'anxiété que provoquent ces pensées.

Ce ne serait pas un peu de la schizophrénie?

Non, pas du tout, parce que le schizophrène vit en dehors de la réalité, alors que le déviant sexuel est tout à fait en contact avec la réalité. L'arrêt des pensées peut donc aider les déviants sexuels en éliminant les pensées déviantes et par le fait même le comportement qui s'ensuit.

Est-ce qu'il y a vraiment beaucoup de gens qui ont des idées fixes?

Il y en a beaucoup, effectivement. Tous les gens ne demandent pas et n'ont pas nécessairement besoin de traitement. Par contre, il y a des gens qui ont des idées fixes, des ruminations, cent, cent cinquante, deux cents fois par jour, à tous les jours, à un point tel que ces idées les empêchent de fonctionner. Il faut aider ces malades parce qu'ils sont très malheureux.

L'immersion

Il existe une autre technique pour faire face à des situations d'anxiété, c'est l'immersion. Par qui cette technique a-t-elle été découverte ?

Celui qui a découvert l'immersion est un psychologue canadien du nom de Morrie Baum. Baum a fait plusieurs études chez les rats et s'est aperçu que lorsqu'ils restaient assez longtemps dans une situation stressante, ils s'habituaient à cette situation et n'étaient plus stressés. Donc, si vous avez peur de quelque chose ou si vous vous sentez anxieux dans certaines situations, il faut que vous vous placiez dans cette situation et que vous fassiez face à l'objet qui vous fait peur. C'est l'immersion.

Vous ne voulez pas dire que lorsque quelqu'un a peur de l'eau, on doit le jeter à l'eau...

C'est malheureusement l'immersion dans son sens le plus large, mais c'est très mauvais parce qu'on risque alors de créer une phobie. L'immersion, c'est une exposition à la situation mais de façon graduelle. Dans les cours de natation, on apprend aux enfants ou aux adultes qui ont peur de l'eau à nager d'abord dans une piscine et à l'endroit le moins profond. Graduellement, et à mesure qu'ils se sentent à l'aise, on amène les élèves à nager plus loin. C'est donc une exposition graduelle où vous commencez par des petites choses pour augmenter progressivement vers de plus difficiles.

Si l'on décrivait la technique... N'est-elle pas efficace dans le traitement des phobies ?

Oui, c'est la principale indication de l'immersion. La technique consiste à placer le sujet dans la situation qui lui cause de l'anxiété ou des peurs et de l'y laisser assez longtemps pour qu'il apprenne à contrôler son anxiété. Si vous vous trouvez dans une situation qui vous effraie, vous allez bien sûr éprouver de l'anxiété au début. Toutefois, si vous y restez assez longtemps, vous vous rendrez compte que votre anxiété cesse d'augmenter après un moment et se met à diminuer.

C'est certain ?

De nombreuses expériences l'ont prouvé. Le problème est de savoir combien de temps il faut rester dans cette situation. Pour certaines personnes, quinze minutes suffisent ; pour d'autres, il faut parfois trois ou quatre heures.

Donc, elle se pratique avec l'aide de quelqu'un...

On peut le faire seul, mais lorsqu'on a beaucoup de difficulté à se pousser soi-même dans la situation qui nous effraie, un thérapeute ou même un ami peut nous aider à demeurer dans cette situation jusqu'à ce que notre anxiété diminue.

Il y a toute sorte de phobies ; si l'on prenait la phobie des avions...

Dans la phobie des avions, il y a un problème technique. Il est évident qu'on ne peut pas prendre l'avion tous les jours.

C'est quand même une phobie courante et réelle...

Je lisais récemment que de plus en plus de gens devenaient phobiques des avions; c'est un problème important. Il y a beaucoup d'hommes d'affaires qui vont même laisser leur emploi pour cette raison. La phobie commence souvent à la suite d'un mauvais voyage. Plusieurs décident alors de ne plus jamais monter à bord d'un avion. Il ne faut jamais faire cela. Il faut reprendre l'avion le plus tôt possible et faire un voyage assez long pour comprendre qu'après un certain temps l'anxiété diminue à nouveau.

Donc, un voyage en avion d'une heure ne serait peut-être pas suffisant?

Pour certaines personnes, un voyage d'une heure suffit parfois. On sait cependant qu'il y a intérêt à faire un voyage plus long. L'idéal est une traversée de l'Atlantique qui représente un temps suffisant pour comprendre le principe de base de l'immersion.

Mais on part en avion, on est très anxieux, on a l'impression qu'on va s'évanouir et on atteint comme un maximum d'anxiété...

Les gens s'imaginent que l'anxiété va continuer à augmenter, sans fin. Ce qu'ils ne savent pas, c'est que l'anxiété atteint un plateau et que si on demeure dans la situation, celle-ci va commencer à diminuer après un certain temps. Cela ne veut pas dire qu'ils seront d'un calme extraordinaire, mais il y a quand même une différence entre être légèrement tendu et être pris de panique.

Mais quand ils reprennent l'avion, ils ont l'impression que ça recommence...

Pour que l'immersion soit efficace, il faut avoir l'occasion de la pratiquer souvent. Or, c'est là le problème avec la phobie de l'avion. Dans le cas des phobies des animaux, c'est très facile puisque vous pouvez facilement rencontrer des animaux ou en avoir vous-même pour vous mettre en situation. Mais lorsqu'il s'agit de vol aérien, à moins de voyager très souvent, vous avez peu d'occasions de mettre cette technique en pratique. C'est pourquoi certaines personnes présentent certains symptômes à chaque fois qu'elles prennent l'avion.

Si on a peur des hauteurs ou des foules, on applique la même technique ?

Si vous avez peur des hauteurs, la meilleure façon de vaincre votre peur, c'est d'aller avec quelqu'un sur le toit d'un building élevé ou sur une montagne et de demeurer à cet endroit jusqu'à ce que votre anxiété diminue.

Ce qu'on oublie, j'ai l'impression, c'est de vivre la peur au maximum. On a l'impression qu'on a atteint un but, la hauteur ; on a atteint cette hauteur-là puis on redescend. Il faut avoir le temps de reprendre le contrôle...

Vous soulevez un point très important. Si vous vous rendez au sommet d'une montagne et que vous redescendez tout de suite, ce n'est pas suffisant. Vous ne vous êtes pas donné le temps nécessaire pour ressentir votre anxiété au maximum et comprendre qu'elle diminue par la suite. Il est donc très important de demeurer longtemps dans la situation qui nous fait peur.

Existe-t-il des moyens artificiels pour créer certaines situations? On ne peut pas prendre l'avion tous les jours, on ne se retrouve pas au sommet d'une montagne tous les jours. Est-ce que cela peut se faire?

La situation réelle est toujours préférable. Prenons, par exemple, le cas d'un homme que j'ai déjà traité pour une phobie du tonnerre. Comme je ne commande pas la météo, je lui ai fait entendre des enregistrements de tonnerre. Cela a été complètement inefficace. Le sujet m'a dit : « Ça ne me fait absolument rien parce que je sais que ce n'est pas du vrai tonnerre. » Tout à fait par hasard, il est venu me voir un jour où il y a eu un orage électrique. Je suis allé dehors avec lui et j'ai pu faire de l'immersion dans la situation réelle. Sa phobie a cédé après très peu de temps.

Est-ce qu'on peut prévenir les phobies. Quand on sent qu'on devient un peu phobique à des choses, à des accidents de voiture, par exemple?

C'est une excellente question que vous soulevez. A la suite d'un accident de voiture, les gens prennent habituellement beaucoup trop de temps à recommencer à conduire ou à monter en voiture avec d'autres personnes. S'ils ont subi des blessures, ils doivent reprendre la conduite automobile dès leur sortie de l'hôpital. A la suite de graves accidents, la première chose que font les motocyclistes, peut-être par bravade, est de remonter tout de suite sur la moto. Sans le savoir, ils s'aident beaucoup ; ils font de l'immersion, sans quoi ils ne conduiraient plus jamais de motos et développeraient certainement une phobie qui pourrait même se généraliser à une phobie des autos.

Les renforçateurs

Nous aborderons maintenant les possibilités de changer son comportement par des renforçateurs matériels et sociaux...

Rapidement, prenons un exemple de renforçateurs matériels. Ni vous ni moi ne serions probablement ici si nous n'étions pas payés et, dans l'ensemble, les gens travaillent parce qu'ils ont un chèque de paie en retour. C'est un renforçateur matériel, une récompense. La nourriture est un autre exemple de renforçateurs matériels. On fait faire un tas de choses aux enfants en leur donnant des bonbons.

Et les renforçateurs sociaux ?

Dans le cas des renforçateurs sociaux, on met l'accent sur le côté affectif. Au lieu de donner de l'argent ou des bonbons, on témoigne de l'attention, de l'affection, on fait des compliments ou on adresse des félicitations. Par exemple, si je vous parlais et que vous ne me regardiez pas, ou que vous parliez à quelqu'un d'autre, vous ne me renforceriez pas socialement à continuer de vous parler. Il est évident que pour chaque bonne action que l'on fait, on n'est pas toujours payé en retour et on ne reçoit pas forcément des félicitations. C'est pourquoi, lorsqu'on veut modifier un comportement à l'aide de renforçateurs, il est important, du moins au début, de récompenser l'individu dès que le comportement attendu se manifeste.

Mais est-ce que ce n'est pas ce qu'on peut appeler le réflexe de Pavlov? Pour autant que les petits fassent quelque chose on leur donne quelque chose?

Au départ, tout cela découle des études faites chez l'animal par Pavlov et chez l'homme par Skinner.

Au départ, quand il s'agit d'un patient, il faut que la récompense suive immédiatement l'action. Elle peut être de différents types, j'imagine...

Dans certains hôpitaux, on se sert d'un système de jetons; lorsque vous possédez tant de jetons, vous avez le droit de regarder une émission de télévision, de sortir un peu plus tard le soir, etc. Cette méthode a été très employée chez les délinquants. Vous pouvez ajouter aussi des renforçateurs sociaux. Le problème est que dans la société on n'est pas toujours récompensé de façon tangible et immédiatement après un bon coup. On doit néanmoins toujours commencer par donner une récompense aussitôt que le bon comportement se manifeste. Quand le bon comportement se manifeste régulièrement, on peut alors commencer à donner la récompense de façon intermittente et non pas à chaque fois.

Faut-il que l'enfant soit bien conscient de cela?

Pas nécessairement. Je pense à tout ce qu'on peut enseigner à des arriérés mentaux par cette méthode sans qu'ils aient conscience du système.

J'ai l'impression que ces renforçateurs sont à peu près toujours utilisés chez des enfants. Il y a quand même des différences entre enfants et adultes...

Evidemment, avec les enfants, c'est plus facile parce qu'ils sont en période d'apprentissage. C'est plus difficile à établir au départ chez les adultes parce que l'adulte a déjà tout un apprentissage derrière lui. Par contre, on peut avoir d'excellents résultats aussi chez les adultes. Aux Etats-Unis et même à notre hôpital, on a appliqué ce système chez certains malades chroniques, à des points précis : par exemple développer le sens de la propreté chez le malade, le rendre plus sociable, lui apprendre certains travaux manuels.

Est-ce qu'on peut arriver à se récompenser soi-même? Je pense à des gens qui suivent des diètes. Habituellement, quand on suit une diète, on est tenté de modifier son comportement à la base, de vraiment se changer; il y a des gens qui vont dire : « Si je tiens le coup pendant tant de temps, je m'accorderai telle récompense. »...

Vous avez là justement un exemple de ce type d'apprentissage. Je me souviens d'avoir moi-même cessé de fumer pendant un an en mettant de côté, chaque jour, l'argent nécessaire à l'achat d'un paquet de cigarettes. Au bout de l'année, j'avais amassé suffisamment pour faire le voyage qui me servait de récompense. Les gens peuvent faire la même chose pour les problèmes d'obésité. Evidemment, il faut être rigoureux, car on est toujours moins exigeant pour soi que pour les autres. Par contre, si on déroge à la règle qu'on s'est imposée, on se punit aussi. Dans mon cas, je payais une amende très sévère. Si je fumais une seule cigarette dans la journée, je retirais de ma banque le montant d'argent équivalant à deux paquets de cigarettes. L'amende aussi doit être payée aussitôt que le mauvais comportement se manifeste. A ce sujet, j'aimerais bien faire une étude sur les vols d'autos par les adolescents. Je suis convaincu qu'il y a beaucoup moins de récidives chez les adolescents qui sont pris sur le fait que chez ceux qui sont arrêtés plus tard parce que la punition ou l'amende est alors complètement inefficace.

Est-ce qu'on peut utiliser toutes ces méthodes en prévention?

Ces méthodes peuvent servir beaucoup au niveau de la prévention chez les enfants pour enrayer les crises de rage, pour améliorer les performances scolaires, pour encourager les rapports sociaux et stimuler l'intérêt pour les travaux manuels. Les parents doivent retenir que, pour être efficaces, les renforçateurs doivent être utilisés de façon régulière et continue, surtout au début.

La thérapie par contrat

En quoi consiste la thérapie par contrat?

La thérapie par contrat est essentiellement un contrat passé entre deux personnes. La technique consiste à interviewer des conjoints, par exemple, et à déterminer ce qu'ils attendent l'un de l'autre. Par la suite, un contrat en bonne et due forme est établi, dans lequel il est stipulé de façon très explicite ce que chacun doit donner à l'autre et attendre de l'autre.

Alors, puisque vous parlez de couples, elle pourrait s'appliquer aussi entre parents et enfants; c'est une relation entre deux personnes?

C'est ça. D'ailleurs, au point de vue historique, cette méthode a été découverte par Stewart et Agras, qui travaillent beaucoup avec des couples et des familles, et par Patterson qui s'occupe des délinquants. La thérapie par contrat s'applique dans toute relation interpersonnelle où il y a échange de sentiments, d'émotions ou d'affection.

Et comment se fait une thérapie par contrat?

Je vous donnerai un exemple qui peut vous sembler drôle ou drastique, mais où la thérapie par contrat a été très efficace. La première fois que j'ai fait ce genre de thérapie, c'était chez un couple en instance de divorce. Au cours de l'entretien, je me suis aperçu que tous leurs problèmes avaient débuté lorsqu'ils avaient acheté une maison, à peu près un an et demi auparavant. Je dois vous dire qu'en Angleterre, on peut acheter des maisons dont la construction n'est pas tout à fait terminée. La dame ne voulait pas que le mari achète la maison, mais celui-ci avait réussi à la convaincre en lui disant : « La cuisine n'est pas terminée, mais je te promets de te construire une cuisine tout à fait à ton goût. » Ils achetèrent donc la maison mais quand le temps vint d'aménager la cuisine, les travaux n'aboutissaient plus. Voyant cette lenteur, l'épouse se fâcha de plus en plus contre son mari et devint beaucoup plus froide et distante envers lui. Devant ce comportement, l'époux, de son côté, ralentissait encore davantage les travaux. Vous voyez le cercle vicieux dans lequel le couple s'était installé. Alors le contrat a porté sur cet échange ridicule : à chaque fois que monsieur construisait un bout de cuisine, madame acceptait de se prêter à certains jeux intimes. De façon étonnante, trois semaines après le début du contrat, la cuisine était complètement terminée. Par ce contrat, ces gens, qui soi dit en passant étaient intelligents, ont compris comment ils se manipulaient l'un et l'autre depuis le début en se servant de leurs faiblesses respectives. Satisfaits, ils étaient prêts à faire d'autres contrats pour améliorer leur relation conjugale.

Quels sont les avantages d'un tel type de traitement ? S'agit-il vraiment de préciser les besoins de l'un et de l'autre ?

Je pense que le contrat permet de rendre le comportement de chacun des partenaires plus quantifiable et nécessairement plus objectif. Un autre avantage du contrat est de tendre vers une relation où chacun donne et reçoit également. Le contrat peut permettre de ramener la balance vers un meilleur équilibre.

Les contrats doivent-ils nécessairement être écrits ?

Les auteurs qui préconisent cette méthode disent qu'il est important que les contrats soient écrits.

Est-ce que tout le monde peut s'attendre à de bons résultats avec une thérapie par contrat ?

C'est une méthode qui peut paraître très rude ou sèche à prime abord, mais dans le fond tout le monde peut obtenir des résultats à la condition d'être moyennement intelligent, de savoir compter et de vouloir vraiment comprendre et modifier son propre comportement.

Cette technique peut-elle s'employer avec des enfants ou des adolescents ? Vous avez dit que Patterson avait été le premier à en faire l'expérience avec des délinquants...

Oui. C'est une technique qui est aussi très utile, chez les adolescents surtout. A titre d'exemple, j'ai déjà vu une jeune fille de quinze ans qui présentait des problèmes scolaires et de l'agressivité envers son père. Le drame avait éclaté à la suite d'un simple désaccord. Le père exigeait qu'elle rentre à minuit le samedi ; elle croyait qu'il était raisonnable de rentrer à une heure du matin. J'ai fait passer un contrat entre le père et la fille dans lequel il était stipulé qu'elle pouvait sortir jusqu'à une heure du matin, mais qu'en retour elle devait faire au moins une heure d'étude par jour, aider sa mère à laver la vaisselle, etc. Si elle accomplissait ces tâches, elle aurait le droit formel de sortir jusqu'à une heure du matin, sans aucun reproche de la part de son père. Les deux parties se mirent d'accord et signèrent le contrat. En moins de deux mois, l'agressivité envers le père avait disparu et les résultats scolaires s'étaient améliorés.

Ce qui arrive malheureusement souvent, c'est qu'on ne le fait pas par écrit; on s'entend verbalement avec les enfants en leur disant: « Si tu fais telle ou telle chose, tu auras telle permission. » Les enfants semblent bien d'accord, mais je pense qu'il est important de rédiger le contrat et ensuite de le respecter. De cette façon, il n'y a pas de malentendu...

Il faut spécifier de façon très précise et très détaillée ce que l'un veut de l'autre et inversement, afin d'éviter non seulement les malentendus, mais aussi les injustices.

L'affirmation de soi

Nous allons maintenant parler de l'entraînement à l'affirmation de soi. On en a tous peut-être un peu besoin. Commençons par un court historique de cette technique...

L'entraînement à l'affirmation de soi est une des premières techniques de thérapie comportementale, mais ce n'est que depuis ces toutes dernières années qu'on assiste à un véritable regain d'intérêt pour cette méthode thérapeutique.

On pourrait peut-être parler des éléments du comportement qui tend à l'affirmation de soi...

Une personne s'affirme au point de vue moteur et au point de vue verbal. Quelqu'un qui sait s'affirmer va d'abord être capable de refuser une requête irraisonnable, de demander une faveur, d'exprimer de l'affection, de défendre ses droits légitimes et d'improviser. Au niveau du comportement verbal, pour s'affirmer, il faut avoir une intonation agréable, un langage assez fluide et un bon contact visuel avec son interlocuteur. Au point de vue du comportement moteur, il faut être capable de regarder la personne à qui l'on parle, avoir un visage expressif et se mouvoir d'une manière dégagée. Enfin, la distance entre le sujet et l'interlocuteur est aussi très importante.

Quelqu'un qui se tient à cinq mètres peut difficilement s'exprimer...

Si vous êtes très loin de la personne, vous n'avez pas le même impact que si vous êtes près. Tous ces éléments entrent en ligne de compte au cours de l'entraînement à l'affirmation de soi.

Il y a des techniques d'entraînement à l'affirmation de soi. On peut s'entraîner ?

Il faut d'abord pratiquer à s'affirmer dans des conditions qui ne provoquent pas d'anxiété. Pour ce faire, je dirais qu'il y a deux formes d'entraînement qui visent à atteindre ces buts. La première méthode consiste à faire pratiquer au sujet divers rôles qui posent des problèmes d'affirmation ; par exemple, refuser d'accéder à une requête. C'est un peu comme une pièce de théâtre où le thérapeute joue le rôle de l'interlocuteur et le sujet répète différentes scènes de plus en plus difficiles jusqu'à ce qu'il se sente complètement à l'aise. Dans la seconde méthode, le thérapeute, un assistant ou même un acteur, joue d'abord le rôle et le sujet imite l'acteur par la suite au cours de différents essais. Ce sont les deux techniques d'entraînement à l'affirmation de soi.

On a alors des situations factices si l'on veut, parce que le sujet est en laboratoire et qu'il sait que cette situation n'est pas réelle. Quand il se retrouve dans une situation réelle, qu'est-ce qui se passe ? Est-ce qu'il peut adopter le comportement qu'il a pratiqué ?

Lorsque le sujet s'est bien amélioré en vase clos, si je puis dire, on lui demande de se comporter dans une situation réelle exactement comme il l'avait fait au cours des exercices. De façon étonnante, le sujet réussit assez facilement.

C'est quand même difficile au départ...

Oui, mais une fois que le sujet se sent à l'aise en laboratoire, il a beaucoup plus de facilité à s'affirmer dans la situation réelle. De façon étonnante, il est lui-même fort surpris de sa propre performance ; de plus, son entourage réagit de façon positive la plupart du temps, ce qui l'encourage à continuer de s'affirmer. Ces deux facteurs aident beaucoup.

Donc, c'est valorisant. A quels moments, dans quelles circonstances, cette technique de l'entraînement à l'affirmation de soi est-elle utilisée ?

L'entraînement à l'affirmation de soi est utilisé chez toute personne qui manifeste de l'anxiété dans des situations interpersonnelles et qui se sent souvent incapable de dire ou de faire ce qu'elle devrait raisonnablement dire ou faire. Il se révèle très utile aux gens excessivement timides, qui ne peuvent demander certaines choses ou qui ne peuvent jamais dire non et aussi pour ceux qui répondent de façon très agressive aux affronts réels ou imaginaires. Cette technique aide les timides à s'affirmer davantage et les agressifs à s'affirmer d'une façon beaucoup plus raisonnable, beaucoup plus logique et intelligente.

Plus près de la réalité quotidienne...

Et souvent aussi de façon beaucoup plus efficace. Dans ces cas, le sujet adapte ses comportements, ce qui a pour effet de rendre ses relations plus adéquates, mieux ajustées et de diminuer l'anxiété lors de différents échanges interpersonnels.

Donc d'établir les communications et de les mainte-

nir, ce que ni les timides ni les gens trop agressifs ne peuvent faire...

En fin de compte, de répondre davantage en fonction de leurs propres émotions et de pouvoir les exprimer de façon raisonnable parce que le timide n'exprime pas ses émotions et l'agressif les exprime mal. On peut aussi utiliser cette technique avec des couples. J'ai vu des études où on avait utilisé l'entraînement à l'affirmation de soi chez des couples où l'un des partenaires était passif dans ses échanges avec l'autre.

Se sentait inférieur à l'autre, j'imagine...

Oui. Dans ces cas, comme dans les autres, l'entraînement à l'affirmation de soi permet d'augmenter l'estime de soi. Enfin, il est évident que l'entraînement à l'affirmation de soi peut servir à traiter la timidité de plusieurs déviants sexuels.

C'est très souvent lié...

Oui. C'est bien sûr une partie du traitement ; si on arrive à enseigner au déviant sexuel à s'affirmer davantage, il pourra ainsi avoir des relations interpersonnelles beaucoup plus matures, plus adultes.

Est-ce qu'on ne risque pas de transformer des personnes timides en personnes agressives ? On ne risque pas que ça déborde ?

Je crois que c'est un danger ; d'ailleurs certaines études américaines ont eu tendance à aller trop dans ce sens. Je dois dire qu'il s'agit ici ni de supprimer ni d'exacerber l'agressivité, mais de la doser et de la contrôler davantage. Fondamentalement, le compor-

tement affirmatif est un comportement émotionnellement expressif et qui comprend les quatre points
suivants : être capable de dire non à quelqu'un, pouvoir demander une faveur ou adresser des requêtes,
être capable d'exprimer des sentiments positifs et
négatifs et pouvoir commencer, continuer et terminer une conversation d'ordre général.

*Une conversation mais une relation aussi ; j'imagine
que cela peut avoir une plus longue durée que la conversation...*

C'est vrai, parce que la conversation permet d'enta-
mer une relation avec une autre personne. Dans l'entraînement à l'affirmation de soi, on commence d'a-
bord par des conversations d'ordre général pour aller
ensuite vers des conversations plus intimes où le sujet exprime des sentiments positifs ou négatifs et des
émotions.

*Est-ce qu'on peut savoir combien de temps peut du-
rer un tel entraînement ?*

Selon les problèmes de chacun, je dirais qu'une
moyenne de six séances d'entraînement à l'affirmation de soi, qui peuvent varier entre une heure et
deux heures trente chacune, peuvent provoquer des
changements importants. Cela fait entre douze et
quinze heures d'entraînement, ce qui n'est quand
même pas beaucoup.

*Mais n'a-t-on pas utilisé cette tactique à des fins pu-
blicitaires, un peu dans le genre « comment se faire
des amis », « comment devenir un bon vendeur », « le
vendeur agressif » ?*

C'est vrai. Toute technique peut être utilisée de façon négative et servir à exploiter les gens. C'est pourquoi il importe que les gens soient au courant de ces méthodes, et surtout qu'ils consultent des personnes compétentes et honnêtes lorsqu'ils ont besoin d'aide.

L'apprentissage par imitation

Et avant de conclure, parlons de l'apprentissage par imitation...

C'est Bandura qui a démontré de façon expérimentale que les enfants sont capables d'apprendre en observant le comportement des autres. Bandura a fait une expérience que j'aimerais vous rapporter. Il a pris des enfants de quatre et cinq ans qui avaient peur des chiens. Il a divisé ces enfants en quatre groupes expérimentaux et tous les enfants ont participé à huit séances brèves. Dans le premier groupe, les enfants surveillaient un autre enfant qui n'avait pas peur des chiens ; celui-ci s'approchait d'un chien, jouait avec lui, le caressait, etc. Cette rencontre se déroulait dans le cadre d'une réunion organisée pour diminuer l'anxiété chez les enfants. Le deuxième groupe a suivi la même séquence, mais dans un cadre neutre, c'est-à-dire qu'il n'y avait pas d'ambiance de fête. Le troisième groupe voyait le chien seul, mais sans modèle à imiter. Et enfin, le quatrième groupe n'a reçu aucun traitement. Les résultats ont démontré que la plupart des enfants du premier groupe avaient complètement perdu leur phobie des chiens. D'ailleurs, après le traitement, les enfants devaient passer un test difficile : chaque enfant devait jouer pendant vingt minutes avec un chien, seul dans une pièce. Plus tard, Bandura a repris la même expérience, mais en présentant sur film les scènes d'imitation. Les résultats ont été également satisfaisants.

Bandura avait fait l'expérience avec quatre groupes d'enfants, cela veut-il dire que les trois autres groupes n'ont pas réussi à maîtriser leur peur des chiens ?

Certains enfants des autres groupes ont maîtrisé leur phobie, mais dans le premier groupe, tous avaient été guéris.

Donc, le climat est important en plus de l'imitation...

En effet, il ne faut pas que cette méthode soit pratiquée dans un climat où il y a de la tension, et ce afin de mettre plus de chances de son côté dès le départ.

Alors, si on décrit la technique, est-ce que ce serait reprendre ce que Bandura a fait ?

Dans l'apprentissage par imitation, le thérapeute modèle donc d'abord le comportement et le sujet l'imite par la suite. En d'autres mots, si l'on prend la peur des chiens, le thérapeute va d'abord s'approcher lui-même du chien, va le flatter, va montrer au sujet comment on approche un animal et le sujet va imiter le thérapeute par la suite. On peut même se servir de modèles qui eux aussi ont peur, comme le sujet, mais qui graduellement réussissent à approcher l'objet phobique sans aucune anxiété.

Il vaut mieux commencer avec quelqu'un qui n'a pas peur. Quand on a peur des chiens, j'ai l'impression qu'on doit se sentir réassuré avec quelqu'un en qui on a confiance et qui semble contrôler l'animal; mais si on se retrouve seul après... Ça peut nous sembler beaucoup plus difficile...

Lorsque les gens apprennent à tolérer une situation

en laboratoire, ils doivent continuer à pratiquer par la suite afin que l'apprentissage dure avec le temps.

Mais un chien, ça peut aussi être dangereux!

Bien sûr, il s'agit d'apprendre où est le danger et comment le maîtriser.

Quand utilise-t-on cette méthode d'apprentissage par imitation?

Dans les phobies chez les enfants où elle s'avère très efficace. Cette technique peut aussi aider beaucoup d'adultes. Meichenbaum, un psychologue qui travaille en Ontario, l'a utilisée chez des enfants hyperactifs ou impulsifs. Dans ces cas, elle diffère un peu; le modèle accomplit une tâche, en décrivant chaque étape à l'enfant, de façon très systématique. L'enfant accomplit par la suite la même tâche, de la même façon, et il se répète toutes les étapes d'abord à voix haute, puis à voix basse. De cette façon, le jeune malade peut structurer davantage son travail, ralentir sa cadence et ainsi augmenter son efficacité.

Il décompose toutes les étapes d'une activité...

En décomposant les diverses étapes d'une activité et en se les répétant à soi-même, d'abord à voix haute et ensuite à voix basse, on devient plus efficace et moins hyperactif.

Pour les impulsifs, c'est peut-être un peu la même chose...

C'est la même chose, et pour les impulsifs et pour les hyperactifs.

Quels avantages l'apprentissage par imitation comporte-t-il ?

Il y a plusieurs avantages. D'abord, c'est une technique très facile à enseigner et à apprendre. Elle offre aussi la possibilité de traitement en groupe; c'est d'ailleurs ce que Bandura avait fait. Au niveau préventif, cette technique nous permet de produire des films thérapeutiques dont l'objectif est de prévenir que certaines peurs communes chez les enfants ne dégénèrent en phobies fortement ancrées.

Je pense à de très jeunes enfants...

Effectivement, parce que certaines phobies chez les enfants surviennent avant l'âge scolaire, comme la peur du noir, la peur des étrangers, etc.

Les parents peuvent donc appliquer eux-mêmes cette technique avec leurs enfants. Je me demande toutefois si les parents n'ont pas un peu tendance à aller trop vite quand ils leur enseignent comment se comporter. Je pense à la phobie de l'eau...

Je crois que les parents ont souvent tendance à aller trop vite. J'ai déjà vu un monsieur au parc Lafontaine qui au début faisait très bien avec son petit garçon de quatre ou cinq ans. Il lui montrait à flatter un saint-bernard et l'enfant réussissait à imiter le père. Le père lui disait : « Regarde, je flatte le dos du chien, fais comme moi. » Cependant, lorsque le père a approché sa main de la tête du chien, l'enfant a eu un peu peur. Il lui a alors pris le bras en le tirant vers la tête du chien et l'enfant à ce moment-là a eu un net recul. Malgré ses bonnes intentions, le père faisait deux erreurs. La première, c'est d'avoir choisi un saint-bernard, chien dont la taille est beaucoup trop grande pour un petit bonhomme de quatre ans. Je suis convaincu que ce monsieur s'était dit que les saint-bernard étaient des chiens doux, mais il aurait eu tout intérêt à commencer d'abord avec un chien beaucoup plus petit, un épagneul, par exemple. L'autre erreur, c'est d'avoir forcé l'enfant à un certain moment. Les parents devraient toujours respecter la vitesse d'apprentissage de l'enfant et ne pas le forcer à apprendre à leur propre rythme, car cela risque d'augmenter l'anxiété et la peur de l'enfant. Le même principe s'applique à la phobie de l'eau. Les parents devraient commencer au bord de l'eau, ne pas pousser les enfants, aller à leur rythme, se servir de jeux, par exemple, pour les amener un petit peu plus loin. L'apprentissage doit se faire de façon graduelle.

Conclusion

Ensemble nous avons tenté de démystifier un peu la psychiatrie. Selon vous, l'information joue donc un rôle important dans ce domaine ?

Oui, car je crois que les médecins n'informent pas assez les malades et la population. Lorsque les gens sont renseignés, ils peuvent prévenir. Si une maladie se déclare et qu'ils en connaissent les signes avant-coureurs, ils consulteront beaucoup plus tôt, facilitant ainsi la tâche du médecin et s'assurant de meilleures chances de guérison.

Est-ce que le patient ne va pas s'affoler ?

Je pense que le fait d'être bien informé enlève beaucoup d'anxiété. Par exemple, des études démontrent que les malades qui connaissent la nature de l'intervention chirurgicale qu'ils vont subir présentent moins d'anxiété et récupèrent plus rapidement que ceux qui sont tenus dans l'ignorance.

J'ai l'impression que cela se faisait davantage avant ; la vulgarisation de la psychiatrie a connu une grande vogue il y a quelques années. Elle semble toutefois être à la baisse depuis quelque temps ; on en entend beaucoup moins parler. En serions-nous saturés ?

Je ne le pense pas. Il y a eu une période de sécheresse pendant quelques années face à l'orientation et à la vulgarisation de la psychiatrie, mais il semble y avoir un regain d'intérêt et c'est heureux. Cela démontre que la population cherche à s'informer et à prévenir la maladie, qu'elle soit due à des causes physiques ou psychologiques.

Bibliographie

Bandura, A., *Principles of Behavior Modification*, Holt, Rinehart and Winston, New York, 677 pages, 1971.

Bliah-Morra, E. et Lamontagne, Y., « Entraînement à l'affirmation de soi: techniques et applications thérapeutiques ». *L'Encéphale*, 4:71-80, 1978.

Bower, S.A. et Bower, G.H., *Asserting Yourself*, Addison-Wesley Publishing Company, Londres, 244 pages, 1976.

Freedman, A.M., Kaplan, H.I. et Sadock, B.J., *Comprehensive texbook of Psychiatry*, 2⁰ Edition, Williams and Wilkins Co., Baltimore, 1976.

Hand, I. et Lamontagne, Y., « L'intention paradoxale et techniques comportementales similaires en psychothérapie à court terme ». *Revue de l'Association des psychiatres du Canada*, 19:501-507, 1974.

Hand, I., Lamontagne, Y. et Marks, I.M., « Group exposure (flooding) in vivo for agoraphobics ». *British Journal of Psychiatry*, 124:588-602, 1974.

Lamontagne, Y., « La thérapie implosive (flooding) modifiée: traitement des phobies à Londres ». *Revue de l'Association des psychiatres du Canada*, 17:217-220, 1972.

Lamontagne, Y., « Le traitement des phobies par la thérapie du comportement ». *Union médicale du Canada*, 11:2287-2291, 1973.

Lamontagne, Y., « La thérapie comportementale en psychiatrie infantile ». *Revue de neuropsychiatrie infantile et d'hygiène mentale de l'enfance*, 23:259-266, 1975.

Lamontagne, Y. et Lamontange, C., *La thérapie comportementale en psychiatrie*, Beauchemin, Montréal, 175 pages, 1975.

Lamontagne, Y. et Malo, S., « Traitement des dysfonctionnements sexuels masculins ». *Union médicale du Canada*, 105:1857-1862, 1976.

Lamontagne, Y. et Nobert, F., « Traitements des dysfonctionnements sexuels féminins ». *Union médicale du Canada*, 105:1852-1856, 1976.

Lamontagne, Y., « L'implosion et l'immersion ». Dans : *Principes et applications des thérapies behaviorales*, Ladouceur, R., Bouchard, M.A. et Granger, L. (Editeurs). Montréal, Edisem Saint-Hyacinthe, P.Q. et Maloine, Paris, pp. 67-85. 1977.

Lamontagne, Y. et Lacerte -Lamontagne, C., *L'attentat sexuel contre les enfants*, Editions La Presse, Montréal, 127 pages, 1977.

Lamontagne, Y., « Treatment of erythrophobia by paradoxical intention ». *Journal of Nervous and Mental Diseases*, 166:304-306, 1978.

Lamontagne Y., « Treatment of a tic by prolonged exposure ». *Behavior Therapy*, 9:647-651, 1978.

Lamontagne, Y., Gagnon, M.-A., et Gaudette, G., « Thought-stopping, pocket timer and their combination in the modification of smoking behaviour ». *British Journal of Addiction*, 2:220-224, 1978.

Lamontagne, Y., Gagnon M.-A., Trudel, G. et Boisvert, J.-M., « The thought-stopping technique as a treatment for reducing cigarette smoking ». *International Journal of the Addictions*, 13:297-305, 1978.

Lamontagne, Y. et Roy, I., « Importance de la désensibilisation systématique dans le traitement de la phobie de l'avion ». *Psychologie médicale*, 10:2567-2570, 1978.

Lamontagne, Y., « Traitement de la névrose obsessionnelle par les techniques de thérapie comportementale ». *Journal de thérapie comportementale*, 1:59-69, 1979.

Léger, Y., *Découvrez votre personnalité,* Editions La Presse, Montréal, 197 pages, 1977.

Marks, I. M., *Vivre avec son anxiété.* Traduit et adapté par Yves Lamontagne, Editions La Presse, Montréal, 142 pages, 1979.

Meichenbaum, D., *Cognitive-Behavior Modification,* Plenum Press, New York, 305 pages, 1977.

Naud, J., Boisvert, J.-M. et Lamontagne, Y., « Treatment of fire-arm phobia by flooding in vivo and motor activity ». *Journal of Behavior Therapy and Experimental Psychiatry,* 4:407-409, 1973.

Roy, I. et Lamontagne, Y., « Traitement des ruminations mentales par la thérapie comportementale ». *Vie médicale au Canada français,* 5:958-963, 1976.

Skinner, B.F., *Science and human behavior,* The Free Press, New York, 461 pages, 1965.